Eine Liebe mit Schlappohren

Leben mit einem Beagle

Marion von Thun

Eine Liebe mit Schlappohren
Leben mit einem Beagle

Engelsdorfer Verlag
2006

Bibliografische Information durch
Die Deutsche Bibliothek:
Die Deutsche Bibliothek verzeichnet diese Publikation in der Deutschen Nationalbibliografie; detaillierte bibliografische Daten sind im Internet über http://dnb.ddb.de abrufbar.

ISBN 978-3-86703-162-2
ISBN 3-86703-162-2

Hergestellt in Leipzig, Germany (EU)
www.engelsdorfer-verlag.de

9,60 Euro (D)

Vorwort

Wenn ein Hund in eine Familie einzieht, ist das in aller Regel ein sehr aufregendes Ereignis, für die Zweibeiner und erst recht für den Vierbeiner. Doch wenn dieser neue Mitbewohner ein Beagle sein wird, ist alles noch ein bisschen anders. Warum? Weil ein Beagle eben ein ganz klein wenig anders ist als alle anderen Hunde. Das sieht man ihm nicht an. Niemals würde man diesem süßen Gesicht mit den unheimlich treu ergeben blickenden Augen und den in Sanftmut herabhängenden Ohren zutrauen, dass sich da ein zauberhafter Dickkopf versteckt. Und beim ersten Blick in seine schönen Augen ahnt man noch nicht, wie viel neuen Wind – manchmal mit Orkanstärke – er in das Familienleben bringen wird. Zumindest war es in meiner Familie so. Bei uns kam noch hinzu, dass wir einen Beagle im Alter von 8 Jahren, also mit jeder Menge Charakter und Lebenserfahrung, übernommen haben. Asti, unsere Beagle-Hündin, hat sich eine ganze Familie zu ihren Pfoten gelegt, und die haben es noch nicht einmal gemerkt! Denn noch etwas zeichnet einen Beagle aus: Er hat das wohl liebenswerteste Wesen, was man sich vorstellen kann. Und es gelingt ihm ohne große Anstrengungen, seine Menschen um die Pfote zu wickeln.
Wie wir, mehr oder weniger erfolgreich, versucht haben, dem entgegenzuwirken und was sich dabei so alles zugetragen hat, davon erzählt dieses Buch. Ein paar heitere Geschichten aus dem Leben mit Asti, unserer Liebe mit Schlappohren.

Der Erlös aus dem Buchverkauf kommt vollständig dem Tierschutzverein Muldental e.V. zugute, zweckgebunden für den Bau des neuen Tierheimes.
Informationen unter www.tsv-mtl.de.vu und im Anhang.

Die Vorgeschichte

Alle Leser und Leserinnen, die meine bisher erschienenen Bücher gelesen haben, werden sich an meine Familie und unsere Vierbeiner erinnern. Für alle neu hinzugekommenen Tierfreunde, die erstmals ein Buch von mir in der Hand halten, werde ich mein Rudel und mich einmal kurz vorstellen.

Eigentlich sind wir eine völlig normale Familie. Sie besteht aus mir, meinem Mann, zwei erwachsenen Töchtern nebst Schwiegersöhnen, zwei Enkelsöhnen, Oma, Opa sowie den Hunden Moritz und Asti. Der Vollständigkeit halber müssen auch die Hündin Laila und Kater Charly genannt werden, die zwar nicht in unserem Haushalt leben, aber dennoch ebenso zum Rudel gehören. Um keine Missverständnisse aufkommen zu lassen: Die Reihenfolge der Aufzählung sagt nichts über die Rangordnung der einzelnen Rudelmitglieder aus, es ist eben eine reine Aufzählung.

Der einzige Unterschied zu anderen Familien ist vielleicht, dass bei uns die Hunde eine recht wichtige Rolle spielen. Seit wir uns vor über sieben Jahren dazu entschlossen haben, unser Leben außer mit dem Kater Addy auch mit 2 Hunden aus dem Tierheim zu teilen, hat sich unser Alltag schon ganz schön verändert. Aber nur zum Positiven. Natürlich hat man durch die Tiere mitunter Aufregungen, die man ohne sie nicht hätte. Aber es würde auch die unendlich viele Freude und der Spaß fehlen, den wir täglich erleben. Einfach gesagt: Wir sind so, wie es ist, rundum zufrieden mit unseren Vierbeinern.

Und weil ich gern anderen mitteilen wollte, wie schön es sein kann, sich auf das Abenteuer Hund einzulassen, habe ich unsere Erlebnisse aufgeschrieben und veröffentlicht. Die Resonanz auf meine Bücher hat mir gezeigt, dass ich damit sehr vielen Tierfreunden eine große Freude gemacht habe. Darüber bin ich natürlich sehr glücklich. Auch und gerade, weil ich auf diese

Weise mit dem Verkaufserlös den Tierschutzverein Muldental e.V. beim Bau des neuen Tierheimes für Grimma doch recht gut unterstützen konnte. Das ist und bleibt auch weiterhin mein Ziel: Den Tieren zu helfen, die leider nicht das Glück haben, in einer Familie, in einem eigenen Rudel, leben zu können. Und Sie, liebe Leser, leisten dabei den wichtigsten Beitrag, weil Sie meine Bücher gekauft haben. Dafür an dieser Stelle ein herzliches Dankeschön!

Doch den Reaktionen auf meine Bücher habe ich noch etwas anderes entnehmen können. Die Geschichten, so wie sie gewesen sind, hatten auch sehr viele traurige und schmerzliche Momente. Das fängt an bei dem Leid, das die Hunde durchlebt haben, bevor sie ins Tierheim kamen. Es geht weiter über die vielen Jahre des Wartens auf neue Herrchen oder Frauchen. Und es geht letztlich, nach einer wunderschönen Zeit in der Familie doch dahin, dass man Abschied nehmen muss. Und das ist weder für Mensch noch Hund einfach zu bewältigen. Meine Beschreibung dieser Gefühle hat viele Leser tief bewegt, hat sie mitleiden lassen und nicht selten ebenfalls zu Tränen gerührt. Ich bin für diese Anteilnahme sehr dankbar, zeigt sie mir doch, dass meine Leser meine Geschichten miterleben konnten. Aber ich möchte ja auch, dass das Lesen Spaß macht und nicht unbedingt dabei Tränen fließen müssen.

Darum schreibe ich jetzt eine Geschichte auf, die bisher keine traurigen Momente hat und eben einfach nur schön ist. Und das ist die Geschichte unserer Beagle-Hündin Asti. Ein Herz auf vier Pfoten – das beschreibt ihr gesamtes Wesen vollkommen. Sie ist ein absolut liebenswertes Tier, mit all ihren kleinen und großen Macken. Sie liebt alle Menschen und (fast) alle Hunde, selbst Kater Charly ist ihr Freund. Sie hat in ihrem Leben nie schlechte Erfahrungen mit Menschen machen müssen und das ist der große Unterschied zu all den Hunden, die ich bisher betreut habe.

Aber ich werde der Reihe nach erzählen. Folgen Sie mir einfach auf dem Weg mit unserer Asti, von dem Zeitpunkt an, als ich ihr das erste Mal begegnet bin...

Ein neuer Hund muss her

Es war im November 2004. Unsere geliebte Hündin Sissi war ganz plötzlich im Alter von erst 12 Jahren an einer unheilbaren Krankheit verstorben.
Sissi hatte ihr Leben mit dem Terriermischling Moritz – ebenfalls ein ehemaliger Tierheimhund – geteilt. Die beiden waren ein wunderbar eingespieltes Team, es hat nie Machtkämpfe unter ihnen gegeben, nicht einmal Futterneid.
Nun muss ich dazu sagen, dass Moritz zwar ein großer Held ist – aber ein Held in Strumpfhosen! Er ist äußerst sensibel, manchmal sogar heute noch schüchtern und ängstlich. Er ist bei seinen vertrauten Menschen extrem anhänglich, aber auch folgsam und eigentlich unkompliziert. Bis auf den leichten Hang zum Größenwahn, wenn wir Gassi gehen. Da vergisst er dann schon mal, wie groß er eigentlich ist (38 cm Schulterhöhe!) und motzt andere Hunde an. Dabei ist es ihm egal, ob Rüde oder Hündin, ob groß oder klein, schwarz, weiß oder bunt – er motzt. Nun will ich ihn nicht in schlechtes Licht rücken. Dieses „Anmachen“ sieht so aus, dass er mal mehr und mal weniger laut vor sich hin grummelt. Das Geräusch ist einem Knurren ähnlich. Nur bei ganz großer Aufregung könnte dazu noch ein einmaliges Bellen eingesetzt werden. Ergebnis unserer beharrlichen und ewig währenden Erziehungsarbeit ist, dass er sogar manchmal schon einen fremden Hund passiert, ohne etwas von sich zu geben. Nicht dass hier der Eindruck entsteht, Moritz würde sich auf jeden fremden Hund stürzen. Davon ist er weit entfernt, und sein Mut begründet sich auch hauptsächlich auf das Gefühl der Stärke durch die Leine.
Aber es gibt auch Hunde, die er sehr nett findet und mit denen er sofort spielen möchte. Das sind dann eigenartiger Weise immer Rüden... Deshalb gehören zu seinem näheren Bekanntenkreis der kleine Max und der große Ole.
Moritz ist kastriert, was ihn aber auch nicht davon abhält, sich mit einer läufigen Hündin mal so richtig einzulassen! Und wenn er dann bewiesen hat, was er doch für ein toller Kerl ist, kommt er

fein brav wieder zu Frauchen und rollt sich im Sessel auf ihrem Schoß ein. Er ist dann der Schoßhund schlechthin, kann man sagen. Nur dass er dafür einige Zentimeter zu groß und noch mehr einige Kilo zu schwer ist. Aber das stört ihn nicht. Na, und mich auch nicht. Er ist eben mein Kuschelhund, von der ersten Stunde seines Daseins in unserem Hause an.

Das Problem war nun, dass Moritz mit Sissi auch seine Orientierung verloren hatte. Sissi war für ihn das Maß aller Dinge. Sie entschied, wann zu bellen war, wann man sich aufregen musste, wann man Angst hatte. Und man musste sich oft aufregen!
Moritz tat es ihr in jedem Fall gleich. Oft wusste er nicht einmal, was los war, aber er bellte vorsichtshalber mit. Und weil Sissi ein sehr ängstlicher Hund war, hat das dem ebenfalls ängstlichen Moritz nicht wirklich gut getan. Aber das habe ich erst viel später gemerkt.
Nachdem Moritz nun allein war, verlor er sozusagen die Bodenhaftung. Er war so entsetzlich aufgeregt, dass man um seinen Kreislauf fürchten musste. Er blieb keinen Augenblick mehr allein. Er war mit seiner Trauer um den Verlust der Partnerin und mit seiner ohnehin vorhandenen Unsicherheit restlos überfordert.

Da wir die gleiche Situation bereits einmal durchlebt haben – als Sissi ihren langjährigen Gefährten Strolch verloren hat – wussten wir, dass es nur eine Hilfe gab: Eine neue Partnerin für Moritz musste her. Und das so schnell wie möglich.
Nun kann man so eine Hundebeschaffung ja nicht so einfach übers Knie brechen. Mal ganz davon abgesehen, dass wir in dieser Situation unsere eigenen Gefühle (so kurz nach dem Tod eines sehr vertrauten und innig geliebten Tieres) völlig hinten anstellen mussten, gab es da einiges zu bedenken. Alter, Größe, Geschlecht, Charakter – und vor allem musste sie Moritz gefallen. Und kinderlieb musste sie sein, wegen der Enkelkinder. Dabei stellten wir weder an Aussehen noch an Herkunft irgendwelche Ansprüche. Denn wer schon mal einen Hund erworben hat – auf welche

Weise auch immer – der weiß, dass es meist der Hund ist, der sich seine Menschen aussucht. Natürlich streiten wir Zweibeiner das erst mal vehement ab, denn das kann ja gar nicht sein. Schließlich gehen wir ins Tierheim oder auch zum Züchter und suchen dort das Tier aus, das u n s gefällt. Aber warum gefällt es uns denn? Weil es uns bereits beim ersten Treffen unbemerkt Signale sendet, die uns gefangen nehmen – oder eben nicht. Und diese Signale sind es, die unsere Entscheidung beeinflussen, ohne dass wir es wollen. Ich sage dazu, es springt ein Funke über, wenn man das Tier zum ersten Mal sieht. Vergleichbar mit der berühmten „Liebe auf den ersten Blick".
Nun war das bei uns mit den Funken nicht so einfach. Es war schwer, eine zu uns passende Hündin zu finden. In den Tierheimen der Umgebung war ich nicht fündig geworden. Und für ein Tier aus einem weit entfernten Tierheim erschien ich als neuer Halter den dortigen Tierschützern nicht würdig. Weil ich doch tatsächlich noch mittels täglicher Arbeit zum Lebensunterhalt meines Rudels beitrage und daher nicht 24 Stunden am Tag dem neuen Hund zur Verfügung stehen kann. Daher kam ich als Hundehalter nicht in Frage, was mich kurzzeitig zu wenig stubenreinen Äußerungen veranlasste, auf die einzugehen ich Ihnen erspare.
Und die Zeit drängte. Mein Moritz wurde inzwischen regelrecht panisch, wenn er allein bleiben sollte. Wir haben uns dann die Hündin meiner Tochter, die Beagle-Mix-Hündin Laila, ausgeborgt. Sie kam zu uns für die Zeit, wenn ich auf Arbeit war. Damit war schon viel erreicht, Moritz beruhigte sich sofort und wir hatten ein bisschen Zeit gewonnen. Die gute Laila ist ein absolut unkompliziertes und auch sehr anpassungsfähiges Tier. Sie hat diese Zeit ganz problemlos mitgemacht. Aber eine Dauerlösung war das natürlich nicht.

Und dann kam der Tag, der alles verändern sollte. Ich bekam Asti angeboten. Eine Beagle-Hündin! Vom Züchter! Das war genau das, was ich eigentlich nie gewollt habe. Ich wollte Hunden aus dem Tierheim noch einmal eine Heimat geben, wollte ein bisschen das gutmachen, was ihnen zuvor an wenig schönen Dingen passiert ist. Ich, die Hundezuchten mit sehr gemischten Gefühlen betrachtet, angesichts der überfüllten Tierheime. Gerade ich sollte ein Tier vom Züchter nehmen?! Schon dieser Gedanke hat mir viele Stunden Kopfzerbrechen beschert. Doch hinzu kamen noch weitere, im Grunde ablehnende Überlegungen.

Eigentlich wollte ich sie ja gar nicht haben, weil sie schon fast 8 Jahre alt war. Ich hatte mich damals ein bisschen in die Idee verrannt, einen jungen Hund haben zu wollen. Keinen Welpen, aber so 2 bis 3 Jahre, auf keinen Fall älter. Das hatte damit zu tun, dass nach dem Verlust eines geliebten Hundes die Angst sehr vordergründig ist, dass einem das mit einem älteren Tier bald erneut passieren könnte. Wenn man dann etwas Abstand gewonnen hat, so wie ich heute, sieht man das anders. Natürlich kann auch ein jüngerer Hund krank werden und für das Leben gibt es nun mal keine Garantien. Aber dazu braucht man, wie gesagt, Abstand.

Ich musste mich damals nur wenige Tage nach dem Tod unserer so innig geliebten Hündin auf ein anderes Tier einlassen, Moritz zuliebe. Das hat mich ganz schön gefordert. Und wenn ich ehrlich bin – es hat mich gnadenlos überfordert! Wenn ich heute an diese Zeit denke, merke ich, dass das schon für die Gefühle eine reine Achterbahnfahrt war. Ich musste mit Kopf und Verstand entscheiden und dabei das Herz ungefragt lassen. Es war in dieser Zeit ein äußerst unbrauchbarer Partner, obwohl sonst in allen Lebenslagen recht verlässlich. Trotzdem hat sich alles irgendwie zum Guten gefügt. Daran hat, glaube ich heute zu wissen, Asti einen ganz großen Anteil. Entscheidend ist wie immer das Ergebnis – und das ist heute wunderbar.

Asti lernt mich kennen

Man könnte auch sagen: Ich lernte Asti kennen. Aber ich glaube, es war doch eher Asti, die mich ausgewählt hat.
Obwohl sie für mich eigentlich nicht in Frage kam, wollte ich sie sehen. Das ist dann schon mal so ein unerklärbares Signal. Warum möchte ich etwas sehen, was ich doch sowieso nicht haben will? Damit ich dann ganz sicher bin, dass sie ja wirklich nichts für uns ist? Dachte ich vielleicht, sie würde mir sowieso nicht gefallen?
Was auch immer der nicht nachvollziehbare tiefere Sinn gewesen sein mag: Ich wollte sie sehen. Das durfte ich natürlich auch. Schon merkte ich, wie eine nicht zu beschreibende Aufregung von mir Besitz ergriffen hatte. Ich konnte es kaum erwarten, sie mir anzuschauen.
Endlich war es soweit, ich betrat gemeinsam mit der Besitzerin den Raum. Und da kam eine freundliche Beaglehündin auf mich zugewandert. Ohne die geringste Scheu, ohne jeden Argwohn. Sie stellte sofort ihre hübschen dicken Pfoten auf meine Beine und reichte mir eine Pfote zur Begrüßung. Sie sah wunderschön aus. Und dann kam er, der Blick aus den – im Zusammenspiel mit den herrlichen Schlappohren – immer leicht traurig wirkenden Augen eines Beagles. Von diesem Moment an ging sie mir keinen Augenblick mehr aus dem Kopf. Immer wieder sah ich ihre Augen vor mir, ihr hübsches Gesicht, ihre glänzendes Fell. Überwiegend rot, auf dem Rücken etwas schwarz. Brust, Bauch, Pfoten, Schwanzspitze und Schnauze waren weiß. Alle Bedenken waren wie weggewischt. Was ein Beagle von der Rasse her bedeutet – darüber habe ich erst nach der Entscheidung für Asti nachgedacht. Das ist nun nicht gerade zum Nachahmen geeignet. Aber ich wusste immerhin, dass Beagle ein ganz wunderbares Wesen haben und damit eigentlich der Idealfall für unsere Familie sind.
Nun musste sie nur noch Moritz gefallen. Da Moritz aber doch in seinem Wesen ein netter und grundsätzlich sehr verträglicher Rüde ist, war ich da eigentlich auch schon recht frohen Mutes.

Ich möchte auch noch ein bisschen über Astis Geschichte bis zum Tag meines Einbruchs in ihr geordnetes Leben erzählen.
Asti wurde am 26. Dezember 1996 als Tochter berühmter, preisgekrönter Eltern geboren. Ich verzichte hier auf die Nennung der Stammbaum-Namen, auch Astis kompletter, vornehmer Name spielt für unser Leben mit ihr überhaupt keine Rolle. Aber natürlich haben die Elterntiere sehr viel Einfluss auf ihre sonstigen Charaktereigenschaften, insbesondere das Jagdverhalten. Und Astis Vater war einer der besten Jäger Englands! Nur gut, dass ich in meiner Unerfahrenheit nicht so genau ahnte, was das bedeutet. Doch dazu kommen wir später.
Sie wuchs in liebevoller menschlicher Obhut auf und bekam alle Liebe und Fürsorge von Welpenbeinen an. Sie lernte alle nur denkbaren Dinge kennen, die den Umgang mit einem Hund im Alltag erleichtern. Sei es waschen, Augen und Ohren säubern, abtrocknen, Pfoten putzen, Zähne begutachten und vieles mehr. Nie hat sie dabei irgendeine schlechte Erfahrung gemacht, und dementsprechend verhält sie sich völlig aufgeschlossen. Selbst ein Tierarztbesuch stellt für Asti kein Problem dar, sie spaziert mit einem netten Schwanzwedeln hoch erhobenen Kopfes in die Tierarztpraxis. All diese Dinge sind ihr vertraut, Menschen sind gut und Artgenossen sind noch viel mehr in Ordnung. Es gibt im Alltag kaum einen Grund, warum man sich als Hund Asti aufregen müsste. Egal, ob Besuch kommt, es an der Tür läutet oder Silvester die Raketen in den Himmel donnern.
Asti hat in den 8 Jahren ihres Lebens vier mal Nachwuchs bekommen und diesen korrekt aufgezogen. All ihre Kinder sind liebenswerte Sofa-Beagles geworden. Das soll heißen, es ist kein großer Preisträger aus ihren Nachkommen hervorgegangen. Aber wenn ihre Kinder nur einen Bruchteil ihres wunderbaren Wesens mitbekommen haben, können all die neuen Besitzer sich glücklich schätzen.
Damit war Astis Arbeit als Zuchthündin erfüllt und sie hätte in ihrer Meute das Altenteil beziehen können.
Hätte, wenn nicht etwas dazwischen gekommen wäre: Ich.

Ihre Besitzer wollten mir mit ihrem Angebot, Asti übernehmen zu dürfen, bei meiner dringenden Hundesuche behilflich sein. Und nur weil wir uns schon sehr lange kennen und sie ganz genau wussten, dass es Asti bei uns gut haben würde, haben sie sich von ihr getrennt. Dafür bin ich noch heute von ganzem Herzen dankbar.

Meine ursprünglichen Zweifel, ob es richtig ist, ein Tier vom Züchter zu nehmen, habe ich irgendwann abgelegt. Zum einen ist es eine Tatsache, dass ich damit Moritz entscheidend geholfen habe. Für ihn wurde Asti zum Wendepunkt in seinem Leben und er braucht sie mehr als alles andere. Zum anderen bin ich heute mehr denn ja überzeugt, dass ich auch für Asti etwas Gutes getan habe. Ich habe ihr eine „Altersresidenz“ im wahrsten Sinne des Wortes geboten. Sie hat bei uns alles, was sie für ein schönes Hundeleben braucht. Und sie ist geliebter Mittelpunkt in unserem Rudel, was sie sichtlich und mit jedem Tag intensiver genießt. Sie darf bei uns Hund sein, darf auch ein wenig ihren vielleicht schon altersbedingten (?) Dickkopf ausleben. Sie kann sich sogar ein paar kleine Freiheiten erlauben, solange alles im Rahmen bleibt. Wir sind heute ein gutes Team, glaube ich sagen zu können. Doch bis es so weit war, vergingen noch viele Wochen, ja sogar Monate.

Und so beginnt das völlig neue Leben für die Beagle-Hündin Asti und uns.

Asti zieht ein

Nachdem die Entscheidung gefallen war, dass wir Asti zu uns nehmen werden, ging alles ganz schnell.
Es wurde der 12. November 2004 als Umzugstag vereinbart. An diesem Tag brachte mir die bisherige Besitzerin Asti direkt zu uns nach Hause. Das Wichtigste musste ja erst getestet werden: Würde sich Moritz mit Asti verstehen?
Für einen Beagle ist das Auskommen mit Artgenossen kaum ein Problem. Als Meutehund liegt es ihm im Blut, mit anderen Hunden gut auszukommen.
Das konnte bei meinem kleinen Kampf-Terrier schon anders aussehen. Eigentlich soll es ja ratsam sein, zwei sich fremde Hunde zuerst auf neutralem Boden aufeinander treffen zu lassen. Da ich aber Moritz kenne und er bisher noch nie mit einem anderen Hund in „seinem" Revier zu Hause gestänkert hat, fand das Kennenlernen doch gleich bei uns statt.
Wir haben nämlich bisher erstaunlicher Weise keine schlechten Erfahrungen mit allen Hunden, die zu uns in die Wohnung gekommen sind, gemacht. Obwohl es sich ja dabei um sein eigentliches Revier handelt, hat Moritz alle nahezu kommentarlos akzeptiert. Das ist schon ein krasser Gegensatz zu seinem Verhalten auf der Straße. Aber da spielt dann doch die Leine, an der er ja nun mal hängt, eine nicht unerhebliche Rolle. Zwar ist man darüber, ob ein Hund angeleint auf Artgenossen aggressiver reagiert, in „Fachkreisen" inzwischen auch schon geteilter Meinung. Aber meine Erfahrung mit Moritz zeigt ganz eindeutig, dass er sich ohne Leine bei Hundebegegnungen völlig anders verhält als angeleint.

Asti kam also mit ihrer Besitzerin im Auto vorgefahren, betrat unser Grundstück und nahm es nach Hundeart in Augenschein. Die Wiese im Vorgarten wurde gründlichst beschnüffelt. Und dann habe ich Moritz aus dem Haus geholt und ihn sozusagen auf Asti „losgelassen". Und es war so, wie ich es gewünscht und gehofft habe: Er stürmte auf Asti los, beschnüffelte sie, knurrte sie kurz

an. Asti schaute dabei noch nicht einmal hin, wer da versuchte, ihr etwas klarmachen zu wollen. Das hat meinen Moritz für den Moment irritiert – danach ist er mit Asti gemeinsam durch den Garten gesaust. Es sah aus, als würden sie das schon immer so machen. Mir fielen da mehrere Steine vom Herzen.
Dann ging es in die Wohnung. Auch da hat Moritz immer mal versucht, so ein bisschen Dominanz zu zeigen – er prallte aber an Astis Gemüt ab. Sie nahm auch die Wohnung und ihr Körbchen in Augenschein, begutachtete den Fressplatz (der zu ihrem Bedauern leider leer war). Dann begab sie sich auf die Suche nach etwas Fressbarem. Mit der Sicherheit der Hundnase und dem sagenhaften Appetit des Beagles hatte sie sofort entdeckt, wo die Tonne mit dem Trockenfutter stand. Und für so gutes Benehmen und ein bisschen, um ihr die neue Heimat im wahrsten Sinne des Wortes „schmackhaft" zu machen, gab es natürlich ein paar Leckerli. Zu diesem Zeitpunkt ahnte ich noch nicht, dass ich von nun an diese Futtertonne hinter verschlossenen Türen halten musste, weil es Asti gelingen würde, die Deckelverschlüsse zu öffnen...

Dann war es Zeit für den Abschied vom bisherigen Frauchen. Das war dann der Moment, in dem wohl Asti so gar nicht begriffen hat, was jetzt eigentlich passiert. Andere Hunde besuchen war in ihren Augen ja sicherlich noch in Ordnung. Aber Frauchen geht einfach wieder und nimmt sie nicht mit? Was sollte das denn? Natürlich rannte sie ihrem Frauchen hinterher. Und natürlich ist das eine Situation, die wohl allen Beteiligten nahe geht: Dem Frauchen, die sich von ihrem Hund nach 8 Jahren trennt, aber auch der neuen Besitzerin, die es dem Tier doch eigentlich gut gehen lassen will. Aber trotzdem erst mal sieht, dass der Hund etwas tun muss, was er eigentlich nicht will. Asti konnte nicht wissen, dass sie von nun an geliebter Mittelpunkt in unserer Familie sein würde. Dass es stundenlange Spaziergänge geben wird, Urlaubsreisen mit noch viel mehr Spaziergängen und noch so manches Privileg eines (fast) Einzelhundes gegenüber einem Meutehund. Der aber, und das möchte ich immer wieder betonen, in seinem bisherigen Zuhause ebenfalls von Herzen geliebt wurde!

Zum Glück konnte ich Asti den Abschiedsschmerz mit ein paar Leckerli versüßen. Sie gehorchte, dank dem Futter in meiner Hand, sofort und kam zu mir gelaufen. Frauchen fuhr davon, sicher nicht ohne ein paar Tränen verstohlen zur Seite zu wischen...

Jetzt begann also für uns ein neuer Lebensabschnitt – nämlich das Leben mit einem Beagle. Wie viel anders da so manches sein würde, habe ich mir an diesem 12. November 2004 noch nicht vorstellen können.

Asti kam brav mit mir zurück in die Wohnung und ich habe sie erst einmal völlig in Ruhe gelassen. Sollte sie sich zunächst mal orientieren. Sie nahm auch sofort ihre Entdeckungsreise wieder auf. Natürlich waren da auch überall noch Spuren von Sissi, die Asti nun fand, aber nicht zuordnen konnte. Aber offenbar hat sie der Ortswechsel nicht wirklich sehr aufgeregt. Zumindest war ihr rein äußerlich keine Aufregung anzumerken. Es kann auch an der ja hinreichend bekannten Gemütsruhe des Beagles liegen. Jedenfalls hat sich Asti eigentlich völlig normal verhalten. Bald suchte sie sich ein Plätzchen zum Schlafen – natürlich in der Sofaecke. Diesen Platz hat sie heute noch am liebsten.

Irgendwann war es an der Zeit, Gassi zu gehen. Asti merkte sofort, dass es hinaus gehen sollte. Ich bin mir nicht sicher, ob es der Spaziergang war, den sie erhoffte, oder ob sie vielmehr meinte, dass der Besuch nun endlich vorbei war und sie wieder nach Hause darf. Wir werden es nie erfahren. Auf jeden Fall freute sie sich riesig. Das soll heißen, sie sprang wie ein Gummiball um mich herum, sowie ich das Halsband ergriffen hatte. Und sie tobte zur Tür hinaus, kaum dass ich sie geöffnet hatte. Ja, ich weiß, das sind ja nun mal alles Verhaltensweisen, die ein recht gut erzogener

Hund nicht an den Tag zu legen hat. Er hat in Demut zu verharren, bis endlich auch sein Leinenhalter das Fell übergezogen hat, nur damit der als erster durch die Tür geht...
Aber es war ja schließlich so, dass Asti erst einmal neu war und gewisse Gepflogenheiten erst noch lernen musste. Außerdem habe ich zu dieser erwähnten Art Gehorsam ein etwas gespaltenes Verhältnis. Das habe ich ja schon in meinem ersten Buch über meine bisherigen Hunde geschrieben. Und daran hat sich nichts geändert. Der Hund muss alltagstauglich sein, darf niemanden belästigen und keine Gefahr für andere darstellen. Ansonsten sollte er weitestgehend Hund sein dürfen, sofern dafür in unserer stressigen Welt mit noch viel mehr gestressten und frustrierten Menschen überhaupt noch Platz ist. Das beginnt mit dem Leinenzwang, der schon fast überall gefordert wird, geht weiter mit dem Hundeverbot an fast allen Stränden und endet mit höchstrichterlich vorgeschriebenen Bellzeiten – bei Nichteinhaltung muss das Tier weg. Wohin eigentlich? Aber ich will mich nicht weiter in diesen leidigen allgemeinen Themen auslassen, schließlich möchte ich über Asti erzählen.
Und Asti war, um es nett zu sagen, nicht wirklich erzogen. Aber so ein bisschen Grundgehorsam muss nun mal sein, auch in meiner eher großzügigen Erziehung. Nur: Asti war bereits 8 Jahre alt! Ein Beagle zeichnet sich ohnehin durch eine mehr oder weniger ausgeprägte Dickköpfigkeit aus. Und nun wollte ich dieser Dame im reifen Alter das kleine Einmaleins beibringen? Der Versuch erschien mir von vornherein zum Scheitern verurteilt.

Also zurück zu unserem ersten Gassi-Gang. Wir betraten erstmals gemeinsam die Straße. Und noch ehe ich fertig nachgedacht hatte, welche Richtung wir denn heute nehmen, war meine Asti schon losgeprescht. Ich meine das so, wie ich es schreibe. Sie raste an der (leider) nicht gestoppten Laufleine davon, die Nase fast in den Asphalt eingegraben. Am Ende der acht Meter Leinenlänge gab es einen fürchterlichen Ruck, der mir eine heftige Muskelzerrung im Arm einbrachte. Und in diesem Augenblick wusste ich es: Niemals

wieder wird ein Spaziergang so sein, wie damals (vor 2 Wochen!), als meine Sissi noch lebte.
Asti fand alles hochinteressant und aufregend. Sie lebte ihren Jagdtrieb in vollen Zügen aus, lief auf ihren gefunden Spuren wie ein Weltmeister. Sie rannte mit einer Kraft, die ich dem doch nicht mehr so jungen Tier niemals zugetraut hätte. Und sie zog mich, die ich nun unbedingt am Ende ihrer Leine hängen musste, hinter sich her. Wir konnten künftig unsere üblichen Gassi-Runden in der halben Zeit bewältigen, weil ich nahezu im leichten Trab hinter meinem neuen Hund herrannte. Ganz zu schweigen von Moritz, der völlig verwirrt mitrennen musste, kaum dass ihm Gelegenheit blieb, ein paar Mal das Bein zu heben.
Um es auf den Punkt zu bringen: Asti hat mit mir wilde Sau gespielt – und ich habe es mir gefallen lassen. Das war sicher als Einstieg in irgendwelche erzieherischen Maßnahmen nicht gerade der Idealfall. Aber es ist nun mal so passiert.
Wir rannten also fast 2 Stunden durch die Natur. Ich war völlig am Ende. Asti war erst mal warmgelaufen. Ausdauer ist nun mal ebenfalls eine der herausragenden Eigenschaften eines Beagles, aber das hatte mir ja auch keiner gesagt. Asti schaute mich also sehr verwundert an, als ich wieder das Grundstück betreten wollte. Aber da sie ja ein sehr netter, freundlicher und auch anpassungsfähiger Hund ist, akzeptierte sie meine Entscheidung für das Ausruhen ohne zu murren. Ich weiß nicht mehr genau, wer in seiner Sofaecke zuerst eingeschlafen war. Aber ich glaube, es war nicht der Hund...

Stellen wir also fest: Astis Leinenführigkeit ließ, gelinde gesagt, sehr zu wünschen übrig. Diese Erkenntnis lag mir für den Moment etwas schwer im Magen. Sissi hat perfekt gehört, konnte, wo immer möglich, ohne Leine laufen! Und nun Asti, die mich schon an der Leine vor große Probleme stellte. Was würde da noch auf mich zukommen? Doch nach dem ersten Gassigang schon aufgeben zu wollen, kam mir nicht in den Sinn. Nach dem hundertsten sah das schon anders aus... Aber aufgeben kam trotzdem für mich niemals in Frage. Asti ist ein Lebewesen, keine Maschine! Da braucht es Liebe, Verständnis und Geduld, viel Geduld. Letztere gehört nicht gerade zu meinen ausgeprägtesten Charakterzügen. Aber einem Hund zuliebe wächst man über sich hinaus, Sie können es mir glauben.

Doch wir hatten noch ein weiteres Problem. Asti war es nicht gewohnt, auf einem Spaziergang ihre Geschäfte zu verrichten. Sie hatte in ihrem Zuhause eine eigene Klo-Wiese. Sie konnte also meine Erwartung, in den zwei Stunden Waldspaziergang doch vielleicht wenigstens mal ´ne Pfütze zu machen, nicht erfüllen.
Da ich nun der Ansicht war, dass der Hund ja ausreichend Gelegenheit zur Entleerung hatte, bin ich nicht auf die Idee gekommen, Asti n a c h der Gassi-Runde zum Pinkeln auf unsere Wiese zu schicken.
Das sollte sich als grober Fehler erweisen. Nur kurze Zeit später wurde die Auslegware im Schlafzimmer geflutet. Ich stand etwas ratlos vor diesem Ereignis, suchte aber Verständnis für das Tier aufzubringen und schob es auf die Umstellung auf die neue Umgebung. Ähnlich wurden noch Bett, Sofa und Kinderzimmer bewässert, trotz ausgiebigen Aufenthalts im Freien.
Nach etwas Eingewöhnungszeit hatte Asti begriffen, dass es doch vorteilhafter ist, die Entwässerung draußen vorzunehmen. Aber bis zum heutigen Tag erledigt sie ihre kleinen und vor allem die großen Geschäfte am liebsten auf unserer kleinen Wiese vor dem Haus. Sei es aus Gewohnheit oder eben deshalb, weil ihr auf den Spaziergängen einfach die Zeit fehlt für solch langweilige Sachen wie Pinkeln.

Um es noch mal ins Gedächtnis zu rufen: Asti war fast 8 Jahre alt, als sie bei uns einzog. Da versteht es sich von selber, dass man da nicht mehr mit den ganz großen Erziehungsmaßnahmen anfängt. Nur leider waren für mein liebes Tier alle die Worte, auf die ein Hund im Normalfall wenigstens ein bisschen hört, absolute Fremdworte. Sitz, Platz, Bleib, Halt – ob ich es hätte in Englisch

versuchen sollen? Jedenfalls schaute sie mich immer wieder mit ihren herrlich unschuldig dreinblickenden Augen völlig verständnislos an. Nach dem Motto: „Ich nix versteh´n“. Also machte ich mich an die Arbeit, ihr meine Sprache zu erklären. Ich sage nur soviel: Es war ein schweres Stück Arbeit. Manchmal hätte ich verzweifeln können. Immer wieder wurde ich das Gefühl nicht los, dass dieser wunderhübsche Dickschädel mich sehr wohl versteht, aber eben einfach nicht will. So wie: „Du hast mir gar nichts zu sagen, Du bist nicht meine Chefin. Ich warte, bis die wiederkommt.“
Na, da konnte sie lange warten! Wir standen nur im telefonischen Kontakt – eben, um das Tier nicht noch mehr zu verunsichern. Besuche waren für später geplant, wenn sie sich eingelebt hat.

Doch mit jedem Tag ging es ein bisschen besser. Sitz konnte sie ganz schnell, Bleib ging auch ganz gut. Halt dauerte etwas länger. Platz haben wir bis heute nicht geschafft. Aber sie legt sich immer dann, wenn es wünschenswert ist, von alleine hin. Damit habe ich mich zufrieden gegeben. Letztlich zählt ja das Ergebnis.
Herankommen auf Ruf klappte von Anfang an gut. Aber natürlich nur im Haus und eingezäunten Garten.
Sobald Asti das Grundstück verlässt, ist sie ein anderes Tier. Sie kennt nur noch ihren Jagdinstinkt, dem sie unter allen Umständen folgen will. Das einzig große Hindernis dabei bin ich. Weil sie mich ja dummerweise an der Leine hinter sich herzerren muss. Und ich dann auch noch über diese Leine eine gewisse Macht ausüben kann, wie stehen bleiben, Richtung ändern und solche Sachen.

Um das Laufen an der Leine etwas in den Griff zu bekommen, haben wir dann noch einen Hundetrainer besucht. Bei dem hat sie dann erst mal gezeigt, dass sie doch könnte, wenn sie nur wollte. Es trat der berühmte Vorführeffekt ein: Mein Hund zeigte nicht etwa, wie er an der Leine zerrt! Nein, er zeigte sich von so einer guten Seite, dass ich nur staunen konnte.

Gut, es war mir eine Lehre. Ab sofort habe ich ihr dann doch ein bisschen mehr gezeigt, dass ich der Chef bin. Und schon verstanden wir uns besser. Heute kommen wir an der Leine meist gut zurecht – Asti kann sogar bei Fuß gehen. So etwa 30 Sekunden. Manchmal sogar schon 2 Minuten. Mehr sollte man von einem Beagle mit Astis Charakter vielleicht auch nicht verlangen. Asti fühlt sich vom ersten Tag an stark zu meinem Mann hingezogen. Der ist von ihr ebenfalls begeistert – bei den beiden war es wirklich Liebe auf den ersten Blick. Ebenso mochte Asti unsere Tochter Bianka sofort, was auch ebenso herzlich erwidert wird.

Mit mir war sie in den ersten Wochen und Monaten eher noch ein klein wenig zurückhaltend. Doch dafür lagen die Gründe nicht bei ihr, sondern bei mir. Asti hat ganz genau gespürt, dass in meinem Kopf und in meinem Herzen noch ganz viel von einem anderen Tier war, nämlich von Sissi. Dafür konnte natürlich Asti gar

nichts. Aber ich konnte es zu diesem Zeitpunkt auch nicht ändern. Im Normalfall hätte ich mich niemals so schnell für einen anderen Hund entschieden. Ich hätte ein wenig Zeit gebraucht, man könnte es eine Trauerphase nennen. Danach wäre unser gemeinsamer Start vielleicht etwas einfacher gewesen.
So passierte es mir doch immer wieder, dass ich Asti mit Sissi verglichen habe. Und, dass ich ungeduldig war, nur weil Asti eben nicht so klug war wie Sissi. Ich habe damit dem neuen Tier sehr unrecht getan. Ich habe viel zu viel von ihr erwartet, heute weiß ich das. Aber ich kann heute auch sagen, dass Asti mir verziehen hat und dass inzwischen eine wunderbare Beziehung zwischen uns beiden entstanden ist. Ich merke das jeden Tag neu. Wenn sie mich aufmerksam beobachtet, wenn sie genau weiß, wann wir Gassi gehen und wann ich alleine weg gehe. Wenn sie sich voller Vertrauen und Genuss auf den Rücken legt und so völlig entspannt tief und fest mit einem herrlichen Schnarchen schläft. Wenn sie auf das kleinste Geräusch angesaust kommt, wohl wissend, da gibt es jetzt was zu Fressen abzustauben. Da genügt das Rascheln einer Tüte, wo immer Salat drin ist. Oder das Klappern einer Dose, die den Rest vom Mittagessen enthält. Ganz zu Schweigen vom Öffnen der Kühlschranktür, was in jedem Falle Astis Präsenz erforderlich macht.
Wenn sie sich ganz vornehm auf das Sofa setzt, beide Vorderpfoten anhebt und sie einem entgegenreicht – normales Pfötchengeben in Perfektion! Oder aber, wenn sie bettelt, weil sie auf den Arm genommen werden möchte. Ja, richtig, dieser Hund möchte wie ein Kleinkind auf den Arm! Ich habe es anfangs nicht glauben wollen und mit meinem Mann geschimpft (wie wir so sind, wir bösen Eheweiber). Ich dachte er zwingt Asti etwas auf (was er natürlich nie machen würde, ist mir ja auch klar). Aber ich kann es schwören, Asti w i l l auf den Arm. Und ihre Vorbesitzer haben es mir auf Nachfrage auch bestätigt. Sie hat das gelernt und ganz offensichtlich als sehr angenehm empfunden. Na bitte.
Das und noch vieles mehr ist es, was uns jeden Tag mit unserem Rudel glücklich sein lässt – und Asti ist ein wichtiger Teil davon.

Alles Panik, oder was?

In den ersten Tagen, die Asti bei uns lebte, fiel mir eine Besonderheit auf. Der Wassernapf, der sonst nur sehr mäßig genutzt wurde, war auf einmal ständig leer. Erst glaubte ich, dass vielleicht die Heizungsluft in unserer Wohnung schuld ist. Oder vielleicht das Trockenfutter. Aber so richtig traute ich meinen Gedanken nicht. Eine Nachfrage im bisherigen Zuhause brachte keine Klarheit. Da Asti im Rudel gelebt hat, ist der Wasserverbrauch des einzelnen Hundes schwer nachzuvollziehen.
Ich hatte außerdem noch bemerkt, dass Asti schon etwas an Gewicht verloren hatte (es waren so ca. 2 zarte Kilogramm zuviel auf ihren Rippen). Und schon machte sie sich in mir breit, die kleine Panik. Mein neuer Hund wird doch nicht nierenkrank sein? Dies war eine der Diagnosen, die bei Sissi zum Tod geführt haben. Ich fand einfach keine Ruhe, beobachtete Asti auf Schritt und Tritt. Und ich konnte nicht anders: Ich ging zu unserem Tierarzt und ließ Asti untersuchen. Die Blutuntersuchung ergab: Das Tier ist kerngesund. Das war eine so wunderbare Nachricht, dass ich den Doktor am liebsten umarmt hätte. Aber zum Glück konnte ich mich bremsen! Der Gewichtsverlust hatte eine recht einfache Ursache: Asti war jetzt täglich 2 Stunden in Bewegung! Es gab auch eine Erklärung für Astis erhöhten Wasserbedarf. Nur eine Woche, bevor ich sie übernommen habe, war sie noch kastriert worden. Sozusagen als kleine „Nachwehen“ der Narkose kann es zu einem vermehrten Durst kommen. Und genau so wird es gewesen sein. Innerhalb nur weniger Tage normalisierte sich der Wasserbedarf ganz offensichtlich. Heute kann ich über meine kleine Überreaktion auch lächeln. Trotzdem würde ich es heute wieder so machen. Lieber einmal vorsorglich zuviel beim Tierarzt gewesen, als sich sagen zu müssen, dass man etwas versäumt hat. Und keine Rechnung habe ich je lieber bezahlt, als die für ein Top-Laborergebnis meines neuen Hundes.

Zwei Seelen wohnen in Asti

Nachdem wir nun stolze Beaglebesitzer waren, habe ich mich dann mal mit dem Wesen und dem Charakter der Rasse beschäftigt. Ich weiß, dass die Reihenfolge nicht gerade für mich spricht, aber es war aus den bereits geschilderten Gründen nicht zu ändern.
Mit Hilfe einiger Bücher habe ich mich über den Beagle informiert. Wenn ich ehrlich bin, hätte ich im Ergebnis dessen den Hund sofort zurückbringen müssen. Es erschien mir anhand des Gelesenen gänzlich unmöglich, einen Beagle artgerecht halten zu können. Doch nachdem der erste Schreck überwunden war, habe ich die gelesenen Aussagen etwas relativiert. Und mir dann gesagt, dass es wie in allen Büchern sein wird: Man kann nicht alles verallgemeinern. Und so war manches zutreffend, manches eher weniger und einiges fand ich in Astis Verhalten gar nicht wieder. Also hielten wir es wie immer: Wir gingen individuell auf unseren Hund ein und fanden so am besten heraus, wie man am geeignetsten mit ihm umgeht, was ihm gut tut und was eher nicht. Das braucht zwar Zeit und leider auch wieder Geduld, aber es führt meiner Meinung nach am sichersten zum eigentlichen Ziel – einer intakten Mensch-Hund-Freundschaft.

Asti ist in der Wohnung ein absolut ruhiger und unkomplizierter Hund. Viel Zeit verbringt sie mit Faulenzen. Aber sie interessiert sich auch für viele Dinge, die im Haushalt gemacht wurden. Vor allem, wenn sie irgendetwas mit Essen zu tun hatten. Als da zu nennen wären: Essen kochen, Einkäufe ausräumen, Tisch decken, Tisch abräumen, Spülmaschine einräumen (entleeren weniger, da ist das Geschirr schon so eklig sauber!). Asti ist ständiger Begleiter und Beobachter bei all diesen Arbeiten. Denn irgendwann gibt es einen Moment der Unaufmerksamkeit bei Frauchen – und schon hat man etwas Leckeres zum Fressen. Beagle sind für ihre Verfressenheit bekannt. Asti bemüht sich täglich, diesen Ruf zu stärken. Nichts ist vor ihr sicher, sie frisst alles, was für sie irgendwie erreichbar ist. Ob bekömmlich oder nicht, diese Frage stellt sie

sich nicht. Dafür werde ich noch manches Beispiel erzählen können.
Spielen gehört nicht zu Astis Beschäftigungen. Weder mit einem Ball, noch mit einem Seil oder einem Stöckchen kann man ihr Interesse wecken. Auch quietschende Spieltiere sind höchst langweilig. Ich weiß nicht genau, ob es daran liegt, dass sie es vielleicht nie gelernt hat. Oder ob es an der Rasse liegt oder einfach daran, dass Asti kein Spielhund ist, was es ja durchaus gibt.
Aber: Jede Beschäftigung, die mit Futter zu tun hat, ist ihr sehr willkommen. Da ist z. B. der Futterball. Der Hund soll ihn herumkullern, dabei fallen Futterbröckchen heraus. Die meisten Hunde machen das sicher auch so. Asti hat es versucht. Dann dauerte es ihr viel zu lange, bis endlich ein Futter herauskam. Da hat sie begonnen, den aus sehr stabilem Kunststoff bestehenden Ball in seine Einzelteile zu zerlegen. Praktischer Weise hat sie die Verschlussklappe, womit man die „Ausgabe“ des Futters regulieren konnte, zerbissen. Dadurch war ein großes Loch entstanden und Asti bekam den Inhalt des Balls auf einmal. Sie war sichtlich stolz und zufrieden mit sich!
Mit Futtersuchspielen kann man Asti auch gut beschäftigen. Allerdings stellt sie sich da nicht gerade sehr schlau an. Moritz hat meistens die Nase vorn und die Verstecke schneller gefunden.
Auch fehlt ihr beispielsweise die Geduld, einen Joghurtbecher auszulecken. Moritz beherrscht das perfekt. Asti zerbeißt den Becher gnadenlos. Da ich denke, dass so etwas für den Erhalt der Zähne nicht gerade zuträglich ist, bekommt sie dann lieber einen Kauknochen.
Also, um es noch einmal zusammenzufassen: Im Haus war Asti ein absolut ruhiger, freundlicher, ausgeglichener und sogar folgsamer Hund.
Was passierte aber, wenn wir unser Haus verließen und die Grenze unseres Grundstückes überschritten? Es war eine andere Asti, die ich da erlebte. Es gab für sie nur noch eins: Nase auf den Boden und ab geht’s. Welch imaginäre Spur sie auf einem normalen Fußweg in der Stadt auch aufgenommen haben mochte, sie musste ihr

ohne jedes wenn und aber folgen. Derjenige, der mit ihr Gassi ging, war für sie dann nur noch ein lästiges Übel, was man an der Leine leider mitnehmen musste. Sie interessierte sich weder für Artgenossen noch für andere, von Artgenossen hinterlassene Nachrichten. Ebenso wenig nahm sie irgendeine Notiz von mir und meinen Vorstellungen zur Gestaltung der Spaziergänge.
Es hat schon viele Wochen gedauert, bis ich Asti dazu gebracht habe, meinen Wünschen zu folgen. Als da wären: Ich gebe die *Richtung* an, ich sage, *wie* wir gehen und *wann* wir eventuell stehen bleiben und erst recht, wohin wir *nicht* gehen. Aber je nachdem, wie ausgelastet Asti gerade ist, kommt es auch heute noch vor, dass sie alles je gelernte vergisst und stur ihrer Spur folgt.
Was kann man daraus schlussfolgern? Der Beagle ist ein hübscher, vom Wesen sehr ausgeglichner, äußerst liebenswerter Hund. Aber er ist nicht ganz einfach in der Handhabung, der Umgang erfordert Zeit, Geduld, Konsequenz (braucht allerdings jeder andere Hund auch, nur der Beagle von allem ein wenig mehr!), auch ein bisschen Kraft und Ausdauer (für die ausgedehnten Spaziergänge). Und man sollte nicht vergessen, dass die Rasse eine gewisse Selbstständigkeit besitzt. Auf den Jagden in der Meute geht schließlich auch kein Herrchen nebenher und gibt seine Befehle. Dem Beagle liegt der Jäger und die Bereitschaft, selber „Entscheidungen“ zu treffen, im Blut. Sicher wird es, wie bei allen Lebewesen, auch hier innerhalb der Rasse Unterschiede von Tier zu Tier geben. Aber ich glaube nicht, dass man einen Beagle zum absoluten Gehorsam erziehen kann wie etwa den Deutschen Schäferhund. Mal davon abgesehen, ob man das überhaupt will. Ich denke, jeder, der sich für einen Beagle entscheidet, wird diese Tiere lieben. Er wird kaum wieder etwas anderes haben wollen, als ein solches Tier. Er wird sehr viel Spaß haben, aber auch Nerven lassen und manchmal vor Wut kochen. Aber er wird ihn lieben und wird ihn niemals wieder hergeben wollen, da bin ich absolut sicher. Und ich weiß, wovon ich rede...

Gründen wir eine Meute?

Das mag Asti sich Anfang Januar 2005 gefragt haben. Da zogen nämlich zwei weitere Hunde in unsere Familie ein, wenn auch nur vorübergehend. Es waren die beiden kleinen Hündinnen meiner verstorbenen Schwiegermutter, die von uns in liebevolle Hände vermittelt werden sollten. Lissi, die kleine Dackel-Mix-Dame und Zina, eine Malteser-Hündin. Beide auch nicht mehr ganz jung, fast 10 Jahre. Leider konnten wir sie nicht selber behalten, weil 4 Hunde bei voller Berufstätigkeit einfach nicht geht. Zumindest sehe ich das so.

Doch für die Zeit bis zur Vermittlung haben wir sie gern in unser Rudel aufgenommen. Asti fand das sehr in Ordnung. Sie ließ sich von der kleinen Zina auch geduldig ankeifen, da stand sie einfach drüber. Und sie hatte nicht einmal was dagegen, ihren Schlafkorb mit Zina zu teilen. Asti war ja eine großes Rudel gewöhnt, sie verträgt sich auch wirklich mit jedem Hund. Und wenn ihr doch mal einer dumm kommt, geht sie ihm aus dem Weg. Doch das war in unserem Haus kaum nötig. Asti macht immer den Eindruck, als steht sie erhaben über all den kleinen Macken ihrer Artgenossen. Sie sicherte sich ihren Platz in der Sofaecke, war aber genauso gern bereit, noch ein Stück zur Seite zu rutschen, damit noch ein Vierbeiner mit Platz hat. Solche Beobachtungen haben mich begeistert, weil ich ja auf einen friedlichen Umgang meiner Hunde untereinander großen Wert lege. Ich stelle es mir nicht so angenehm vor, wenn man ständig aufpassen muss, dass sich die Tiere nicht raufen. Aber das ist mir zum Glück bisher mit all meinen Tieren erspart geblieben. Hier scheint der Umgang untereinander zu funktionieren wie in grauer Vorzeit im Wolfsrudel. Dort ist die Gemeinsamkeit Voraussetzung für das Überleben und diesem „Grundgesetz“ ordnet sich jedes Rudelmitglied unter. Daran könnte sich der Mensch, der sich in seiner Entwicklung für so vollkommen hält, ein großes Beispiel nehmen!

Ein wenig Aufmerksamkeit erfordert allerdings das Füttern. Nicht, dass es dort Futterneid und Zank geben würde. Aber Asti frisst so enorm schnell, dass die anderen da immer das Nachsehen haben. Denn dann wird ihnen beim Leeren der Näpfe natürlich geholfen, da ist Asti echt Kumpel. Das wäre dann auf die Dauer aber nicht gut für die Figur – nicht für Asti und nicht für den Rest der Meute. Unsere beiden Gasthunde fanden dank sehr tierlieber Menschen beide ein schönes Zuhause und wir waren wieder unter uns.

Wie geht es Moritz?

Mit jedem Tag gemeinsam mit seiner Asti besser. Moritz hat mit Astis Einzug bei uns seine starke Trauer abgelegt. Er hat sich Asti genauso angeschlossen, wie er es an Sissi getan hat. Für ihn war die Welt offenbar durch den „Ersatz“ der bisherigen Partnerin wieder völlig in Ordnung. Eigentlich beneidenswert, oder?
Aber es gab etwas, was noch viel interessanter zu beobachten war. Moritz veränderte sich. Es schien, als würde er sich jeden Tag ein wenig mehr an Asti angleichen. Er hat bis heute, nach mehr als einem Jahr, seine frühere Ängstlichkeit nahezu völlig verloren! Das hätte ich niemals für möglich gehalten! Ich versuchte diesem kleinen Kerl seit Jahren Sicherheit zu geben. Es war mir nicht wirklich gelungen. Und da kommt eine Hündin daher, nimmt ihn gar nicht richtig ernst – und er verwandelt sich in ein nahezu anderes Tier. Heute ist es ihm fast egal, ob es an der Tür läutet. Ich kann ihn gänzlich ohne Aufregung bei meiner Tochter abgeben und wieder gehen. Ich kann ihn vor einem Laden sitzen lassen und er regt sich nicht im geringsten darüber auf! Er läuft in geeigneten Gegenden ohne Leine und gehorcht vorbildlich. Er geht zum Tierarzt und sitzt ruhig und entspannt neben seiner Asti im Wartezimmer! Noch vor einem Jahr regte ihn das so auf, dass ich froh war, bereits in der Praxis zu sitzen – falls sein Kreislauf schlapp machen sollte. Überhaupt fand er so viele Dinge für ihn bedrohlich und furchtbar aufregend, ich kann das gar nicht alles aufzählen. Und heute? Er ist zwar fremden Menschen gegenüber immer noch reserviert, aber nicht mehr scheu. Und er hat nach wie vor eine Abneigung gegen Kinder bestimmten Alters, das ist so. Auch sein Imponiergehabe anderen Hunden auf der Straße gegenüber ist kaum verändert. Aber sonst? Asti hat eine Erziehungsarbeit geleistet, wie ich sie nur erträumt habe. Das wirft nun nicht gerade das beste Licht auf meine Fähigkeiten als Hundehalter. Aber wie lautet doch gleich mein Motto? Richtig: Das Ergebnis zählt!

Natürlich gibt es auch eine Erklärung für diese erstaunliche Entwicklung. Ich habe den sehr scheuen, ängstlichen und sensiblen Mischling aus dem Tierheim geholt und zu meiner Sissi gesellt. Die Tierheimleute meinten damals: Das wird niemals was mit den beiden (Sissi stammte ja aus demselben Tierheim), die vertragen sich nicht. Sie vertrugen sich wohl, ganz ausgezeichnet sogar. Nur dass meinem Moritz eben Sissis ängstliches Wesen zu seinem Charakter gar nicht gut getan hat. Er war ohne sie verloren und mit ihr hatten sie beide Angst. Aber vielleicht haben sie sich gerade deswegen ja so gut verstanden, wer will das schon sagen können.
Asti hat zu Moritz am Anfang kaum für mich sichtbar Kontakt aufgenommen. Sie legte ja insgesamt eine gewisse vornehme Zurückhaltung an den Tag. Immer so, als wollte sie uns sagen: „Ich bin hier nur zu Besuch, bald werde ich wieder abgeholt." Moritz verhielt sich wie immer. Es klingelt – er bellt, rast durch die Wohnung, regt sich auf. Und dann bleibt er plötzlich stehen, dreht sich um und merkt, dass Asti noch immer auf dem Sofa sitzt und ihn mit einem herrlich verständnislosen Blick anschaut. So etwa: „Eh, Kleiner, bist du jetzt völlig durchgeknallt oder was?"
Moritz hört augenblicklich mit seinem Theater auf (wohlgemerkt ohne dass ich in irgendeiner Weise eingegriffen hätte). Er geht auf seinen Platz und ist sehr irritiert, das sieht man ihm an. Und so ein ganz großer Blitzmerker ist Moritz nicht, weil er ja eben ein Mann ist! Das nächste Mal dann springt er zwar noch auf, rennt aber nicht mal mehr bis zu Tür. Und noch einmal darauf bleibt er zusammen mit Asti liegen und es geht ihn nichts mehr an, wer da herein will.
Auf diese Weise hat sich Moritz nun immer durch Astis unerschütterliche Ruhe beeinflussen lassen. Ich muss es noch einmal sagen: Er hat sich so zu seinem Vorteil verändert, wie ich es nie für möglich gehalten hätte.
Aber der Ordnung halber will ich auch noch schreiben, dass das Ganze auch umgedreht funktioniert hat. Asti bellt kaum, nur wenn es berechtigten Anlass gibt. Zum Beispiel, wenn abends in der

Dunkelheit ein Fremder das Haus betritt. Oder wenn die Nachbarshunde im Garten sind.
Ihr war es in den ersten Tagen auch gänzlich egal, ob am Zaun vor dem Grundstück ein Mensch vorbeiging. Sollte er doch, er hat nichts zu fressen mit und alles andere ist nicht interessant. Das wusste Moritz zu ändern! Er, der seit seiner Anwesenheit in unserer Familie Haus und Grund vehement verteidigt – zumindest solange der Zaun ihn vom Feinde trennt. Käme der Feind dann näher, wäre ich gefragt, denn dann muss sich Moritz hinter mir verstecken. Den Rest der Verteidigung muss ich dann übernehmen, aber immerhin mit einem „starken“ Mann im Rücken!
Doch nun, mit einer so starken Hundefrau an seiner Seite, sieht das doch gleich ganz anders aus. Er hat Asti überzeugt! Jetzt gehen sie gemeinsam gegen jede Art von Bedrohung vor, insbesondere durch Brief- und Zeitungsausträger.
Und auch das Treffen auf Artgenossen beim Spaziergang lässt Asti manchmal nicht mehr ganz kalt. Mitunter unterstützt sie dann ihren Kumpel Moritz bei seinen Lautäußerungen gegen das jeweilige Gegenüber. Ein System ist mir dabei bisher verborgen geblieben, es ist sicher ganz einfach eine Frage der Sympathien.

Auch bei der illegalen Beschaffung von Futtermitteln sind sich die beiden mehr als einig. Dabei ist Moritz der Beschaffer, Asti der Öffner fast aller Behältnisse, und fressen darf – wer am schnellsten ist. Oder wem es besser schmeckt. Moritz kann schon zu etwas Fressbarem auch mal nein sagen, Asti niemals. In bezug auf Fressen ist NEIN ein Fremdwort, nie gehört und erst recht noch nie verstanden.
Wer von meinen beiden nun der „Boss“ ist, kann ich nicht sagen. Moritz zeigt Asti manchmal etwas Dominanz durch Aufreiten. Darauf reagiert Asti aber lediglich mit einem gelangweilten Gesichtsausdruck. Schlafplätze werden gemeinsam genutzt, um Futter wird nicht ernsthaft gestritten. Beim Spaziergang läuft Asti immer außen, was eigentlich sie als Chefin ausweisen würde. Also kurz und gut – ich weiß es nicht. Demnach kann ich auch bei der

Behandlung meiner Hunde nicht die Rangordnung beachten, tut mir leid. Und so bleibt es letztlich bei der nun bereits über ein paar Jahre erfolgreich erprobten annähernden Gleichbehandlung beider Tiere.

Asti erobert unseren Garten

Wir wollten die ersten zeitigen Frühlingstage im Jahr 2005 nutzen und Asti mit unserem Gartengrundstück bekannt machen. Da sie ja aus bereits geschilderten Gründen im Freien nicht ohne Leine laufen kann, wollen wir ihr diese Möglichkeit wenigstens im Garten bieten. Das ist ein schönes Grundstück mit vielen Büschen, Bäumen, mit Wasser und allerlei Getier.

Asti war auch sehr angetan von ihrem neuen Revier, nahm sofort ihre Entdeckungsreise auf. Wir haben uns auch gefreut, haben dem Hund begeistert zugeschaut. Moritz fand unsere Begeisterung reichlich übertrieben, er kannte den Garten schließlich schon lange. Außerdem war es ihm noch nicht warm genug und überhaupt wollte er eigentlich lieber wieder nach Hause in seinen Sessel. Zumindest sah er so aus. Moritz kann sich mit Körperhaltung und Gesichtsausdruck sehr gut verständlich machen!

Anfangs haben wir ja Asti auch genau beobachtet. Aber da sie sich ganz friedlich mit ihrer Schnüffelei befasste, waren wir dann doch nicht mehr so aufmerksam. Und schließlich schaut man ja im Garten auch nach dem Rechten, und man sieht, wie viele Handgriffe zu erledigen wären – wie das eben so ist. Da wir den Garten nicht in der ganzen Länge überblicken können (er ist nicht sehr groß, dafür aber lang und noch viel höher!), hatten wir Asti aus den Augen verloren. Also riefen wir sie. Mit dem von jedem Hundehalter befürchteten Ergebnis: Der Hund kommt nicht! Nun ist das mit dem sofort kommen so eine Sache: Es ist aus Hundesicht nicht immer mit dem gerade entdeckten Mauseloch in Einklang zu bringen. Ein in seinem intensiven Spiel durch seine nervenden Eltern gestörtes Kind würde antworten: „Ja, gleich!" Eine vergleichbare Reaktion wäre dann das Herankommen des braven Hundes mit einer gerade noch tolerierbaren zeitlichen Verzögerung. Die Toleranzbereitschaft ist da von Mensch zu Mensch verschieden, wie ich schon feststellen konnte. Also riefen wir noch einmal – mit dem gleichen (Miss-)Erfolg.

Dann gehen wir eben mal schauen, wo sie ist. Nach kürzester Zeit stand fest: Im Garten ist sie nicht mehr! Mir setzte kurz der Herzschlag aus, die schlimmsten Gedanken schossen mir in den Kopf und eine leicht kopflose Suche begann. Dabei brauchten wir noch gar nicht wirklich zu suchen. Unmittelbar unterhalb unseres Gartens auf einer Wiese schnüffelte unsere Asti herum. Dumm nur, dass gleich neben der Wiese eine stark befahrene Straße verläuft. Wir rufen also unseren Hund erneut. Und welch Freude: Asti hebt den Kopf, schaut in die Richtung des Rufens, erblickt uns, denkt noch einmal kurz nach – und kommt auf schnellstem Wege zu uns gerannt. Ich habe den Hund derart mit Lob überschüttet, dass es ihr sicher schon unheimlich war. Was sie allerdings nicht daran hindern sollte, bei der nächsten Gelegenheit wieder auszubüxen.
Fazit: Bei uns gab es undichte Stellen, und zwar im Gartenzaun.
Nachdem Asti noch einmal ein Schlupfloch gefunden hatte und nur die laut quietschenden Bremsen eines netten Autofahrers Schlimmes verhindert haben, gab es vorläufig Gartenverbot für Asti. Außerdem erging im Familienrat der einstimmige Beschluss zur Errichtung eines ausbruchsicheren Hochsicherheitstraktes. Die lieben Männer in unsere Familie bekamen den Zuschlag für die auszuführenden Arbeiten. Das gesamte Grundstück wurde nochmals mit Maschendrahtzaun (ohne Knallerbsenstrauch!), der in die Erde eingegraben wurde, abgesichert. Danach war zumindest aus unserer Sicht kein Entrinnen mehr möglich. Es ging auch längere Zeit gut. Und weil es so gut ging, ließ unsere Aufmerksamkeit erneut nach. Außerdem waren heiße Temperaturen angesagt, da denkt man doch, auch der Hund würde eine etwas ruhigere Gangart wählen. Ein Hund vielleicht – aber Asti nicht! Bis es an einem Sommertag mal wieder so weit war: Der Hund ist weg. Diesmal richtig weg. Wieder Schreck, Panik, Tränen – das ganze Programm. Dann suchen. Wo denn eigentlich? Irgendwann riefen uns Gartennachbarn die Richtung zu, in die sie gelaufen war. Natürlich war sie ausgerechnet auf dieser großen Straße in Richtung Beiersdorf unterwegs. Wir liefen ebenfalls in diese Richtung

– da hielt plötzlich weit vorn ein Auto, die Insassen stiegen aus und winkten uns aufgeregt zu. Was meinen Sie, fährt einem da für ein Gedanke in den Kopf?
Nein, es war zum Glück nichts passiert! Aber Asti lief dort im Straßengraben entlang. Die Leute wollten sie sicher gern einfangen und für uns festhalten. Aber das war aussichtslos. Nachdem sie uns gehört hatte, lief sie zwar brav auf uns zu. Aber sie war derart in Panik geraten, dass nicht einmal ich sie anfassen konnte, sie hat mich sogar angeknurrt (ein Geräusch, was ich in den Monaten mit ihr überhaupt noch nie vernommen hatte). Zum Glück war auch mein Mann mit. Der schien ihr dann doch besser geeignet, bei ihm Zuflucht zu suchen. Sie ließ sich problemlos anleinen und wir gingen wie immer nach Hause. Den Grund dafür, warum Asti nach diesem „Ausflug“ nicht zu mir gekommen ist, habe ich auch noch erfahren. Ich habe das Vorkommnis mit ihrer früheren Besitzerin ausgewertet. Asti hat in einem überwiegenden Weiberhaushalt gelebt. Das hieß, wenn es etwas zu schimpfen gab – und das gibt es in einem Hundeleben manchmal, in einem Beagleleben öfter – waren das immer die Frauen. Und Asti ist ja schlau! Sie hat meinen Stress schon von weitem gerochen, hat das als nichts Gutes bedeutend erkannt und ist folgerichtig lieber zu meinem Mann gelaufen. Ist doch eigentlich clever, oder?
Im Garten haben wir dann die erneute undichte Stelle gesucht und gefunden. Die war allerdings nicht von allein entstanden, Asti hat ganz kräftig nachgeholfen. Sie hat ein Loch unter dem Draht hindurch gegraben. Damit hatten wir nicht gerechnet. Für die nächste Gartensaison müssen wir uns noch etwas einfallen lassen, wie wir unseren Jäger am Ausbrechen hindern können.

Wenn Asti gerade nicht ausbricht, ist sie sehr aktiv bei der Gartenarbeit beschäftigt. Wir sind da ein wunderbares Team und ergänzen uns prima! Ich kaufe Blumenzwiebeln, grabe sie in mühevoller Arbeit sorgsam in Körbe verpackt (zum Schutz gegen die Wühlmäuse) in die Erde ein. Dazu brauche ich Stunden, weil ich mir ja Mühe gebe und nicht die Schnellste bin. Und dann kommt Astis Mitarbeit. In kürzester Zeit hat sie die Körbe wieder ausgebuddelt, hat dabei die Blumenzwiebel mit zerstört und ganz nebenbei die umliegenden Pflanzen vernichtet. Diese schwere Arbeit hat sie dann so angestrengt, dass sie sich schnell noch aus der Laube den Kuchen und die Kekse, die für meinen wohlverdienten Nachmittagskaffee gedacht waren, klauen muss. Danach endlich kann sie sich beruhigt zu einem Schläfchen auf der Wiese niederlassen. Aber nur so lange, bis sie wieder irgendeinem Tier, welches das Erdreich bewohnt, hinterher graben muss. Und auf diese Weise bekommt unser Garten täglich ein neues Gesicht, Astis Gestaltungsideen sind nahezu unbegrenzt!

Trotz allem fühlen sich aber sämtliche Zwei- und Vierbeiner in unserem Garten äußert wohl. Und da ja Asti auch immer älter wird, lässt vielleicht auch ihre draufgängerische Ader mit der Zeit nach. Zumindest habe ich noch die Hoffnung. Aber auch das ist eben eine Seite des Beagles, mit der man leben muss. Hat er seine Spur gefunden, hält ihn nichts und niemand auf, ihr zu folgen. Und ein Gartenzaun oder eine Grundstücksgrenze ist noch lange kein ernst zu nehmendes Hindernis. Und die Erdarbeiten im Garten sind sicher auch nicht jedermanns Sache. Doch wenn man seinem Tier so zusieht, mit welcher Hingabe es schon bis zum Bauch in einem Erdloch wühlt, sich immer wieder neu in der Erde auf etwas stürzt, ohne es je zu fangen, aber dennoch mit wahrer Freude und Begeisterung, dann hat das schon auch für uns Zweibeiner etwas Interessantes. Und schließlich: Humor ist, wenn man trotzdem lacht!

Wir fahren in den Urlaub

Und alle Hunde kommen mit. Natürlich, anders wäre es ja auch kein Urlaub. Wir freuten uns schon sehr auf unser kleines Häuschen in der Nähe von Dobbertin. Endlos viel Wald, Wasser und Ruhe erwarteten uns dort.

Ich machte mir ein wenig Gedanken darüber, ob es mit Asti ein entspannter Urlaub werden würde. Das Haus steht direkt am Wald und der Zaun ist zwar da, aber kein wirkliches Hindernis für Asti. Und ich konnte sie ja nicht pausenlos bewachen. Und anleinen auf dem Grundstück wollte ich sie schon gar nicht. Na, ich würde mich überraschen lassen, fuhr aber mit ein paar gemischten Gefühlen los.

Zunächst einmal verlief die Autofahrt sehr angenehm. Es gab seitens der Hunde keinerlei Aufregung. Asti fuhr völlig stressfrei Auto und Moritz tat es ihr gleich. Die Gassi-Pausen an verschiedenen Rastplätzen wurden gern angenommen. Da konnte sogar Asti in relativ kurzer Zeit auf eine gänzlich unbekannte Wiese pinkeln, ich war erstaunt.

Endlich erreichten wir unser Ziel. Das kleine Häuschen ist von einem ebenfalls kleinen Grundstück umgeben, natürlich eingezäunt. Wiese, einige Bäume und Hecken wachsen um das Haus herum. Also nichts, was Asti ernsthaft beschädigen könnte. Vor dem Grundstück verläuft die Zufahrtsstraße zu einem weiteren Grundstück, kein Durchgangsverkehr, nur eine Sackgasse. Gleich gegenüber von unserem Haus beginnt der Wald. Links neben uns ist die Schaf- und Ziegenweide. Rechts auf dem Grundstück steht ein weiteres Ferienhaus. Dort wohnen auch immer Urlauber mit Hund. Diesmal waren es sogar zwei Hunde. Ein sehr freundlicher Schäferhund-Rüde und eine kleine, sehr giftige Mischlingshündin. Es war von der ersten Sekunde an klar: Die vier mögen sich nicht. Der Rüde durfte sich uns nicht nähern, da machte seine kleine Dame einen Riesenradau. Und wenn sich Moritz einmal angemacht fühlt, ist auch jede Annäherung zwecklos. Sogar Asti stieg mit in die Diskussionen am Gartenzaun ein. Die Damen behielten in dieser sehr lauten Auseinandersetzung offenbar die Oberhand, was ich daraus schließe, dass der Schäferhund-Rüde alsbald das Feld räumte. Damit war Moritz die Basis für seine Aufregung entzogen, was ihn erst leicht verwirrt aussehen ließ und dann ebenfalls zum Rückzug auf das Sofa führte. Streit beigelegt, Frauen gewonnen – wie im wahren Leben, oder nicht?

Das Tolle war nur: Dort stört es keinen Menschen, dass da mal ein paar Hunde ihre Meinung sagen. Man muss nicht als Hundehalter peinlich darauf bedacht sein, nur ja niemandem lästig zu fallen, bloß weil Bello eben mal bellt. Und es ist jederzeit ein freundlicher Gruß mit den Gartennachbarn möglich, ohne dass man sich minderwertig fühlen muss, weil man ja mit Hund lebt. Darum gefällt es uns in dieser Gegend so gut, dass wir dort bald wieder Urlaub machen werden.

Es gab auch noch ein Grundstück hinter unserem Haus. Dort lebten viele Hühner, Enten, Gänse. Und natürlich auch ein Hund. Das Federvieh war für unsere beiden Jagdhunde keinerlei Grund, in eventuellen Jagdeifer zu verfallen. Es wurde begutachtet, als nicht sehr interessant, weil hinter einem Zaun lebend, eingestuft und danach einfach links liegen gelassen.

Ja, das ist Urlaub auf dem Land – aber es ist herrlich! Nirgendwo ein Hundeverbotsschild, im Gegenteil. Mensch und Tier sind einfach willkommen. Ich merke schon, dass ich wieder ins Schwärmen gerate, aber diese Gegend hat es uns wirklich sehr angetan.

Wir waren also angekommen. Das Auto war auf dem Grundstück abgestellt, das Tor wieder verschlossen. Asti und Moritz durften aus dem Auto. Sofort gingen sie daran, die Spuren der Vormieter zu ergründen und überhaupt jeden Winkel zu beschnüffeln. Wir waren zufrieden und begannen, das Gepäck auszuladen. Wir hatten noch nicht alles in Haus getragen, als Asti bereits aus unserem Blickfeld verschwunden war. Ich ließ sofort alles fallen und rief nach ihr. Ein Blick nach draußen genügte: Meine Asti lief schwanzwedelnd auf der Straße herum und begrüßte Angler, die auf dem Weg zum nahen See waren. Wie immer ohne jede Scheu, ohne Hemmungen. Ich hatte nur eine Angst: Wenn sie jetzt in den Wald läuft, was dann? Zwar hatte ich beide Hunde vor dem Urlaub noch mit einem Chip versehen lassen in der Hoffnung, sie dadurch bei einem eventuellen Verlust doch wieder zu bekommen. Aber ich war nicht sehr wild darauf, gleich am ersten Urlaubstag zu testen, ob dieses System auch funktioniert!

Mein Mann eilte also schleunigst hinaus auf die Straße, um unsere Asti wieder einzusammeln. In der Aufregung blieb dabei das Gartentor offen stehen... Das hatte dann auch Moritz sehr einladend gefunden. Schließlich kamen da auch gerade Leute mit einem Schäferhund gelaufen, die konnte man sich doch mal näher ansehen. Also waren uns beide Hunde entwischt, in den ersten zehn Minuten am Urlaubsort. Das war der Moment, wo ich eigentlich wieder nach Hause fahren wollte. Es war genau so gekommen, wie ich es mir im schlimmsten Fall vorgestellt habe. Wie sollte das zwei Wochen so weitergehen?

Aber zum Glück habe ich ja meinen lieben Mann. Während ich ein wenig zur Panik neige, hat er eine gewisse A...ruhe. Das kann in vielen Situationen zum Vorteil sein, einen aber auch manchmal zum Wahnsinn treiben. Jetzt jedenfalls war es von Vorteil. Er ging in den Wald, während ich unsere Hunde mit Argusaugen bewachte. Er holte große heruntergebrochene Äste und legte sie entlang unseres Zaunes. Damit wurden die Lücken, die der Jägerzaun bot, zumindest so geschlossen, dass kein Hund mehr hindurch passte. Asti sah sich das Treiben an. Dann ging sie noch einmal an den Zaun, sah sich die verschiedenen zugebauten Stellen an – und damit war für sie das Thema Ausbruch erledigt. Sie hat es nicht einmal versucht, an den Zweigen vorbei zu kommen oder eine andere Stelle zu suchen. Wir verlebten 14 Tage völlig entspannt ohne weitere Zwischenfälle dieser Art.

Asti haben die stundenlangen Wanderungen durch Wald und Feld riesigen Spaß gemacht. Sie kann wirklich endlos laufen, ohne auch nur eine Spur von Ermüdung erkennen zu lassen. Aber wenigstens zieht sie dann nach 2 bis 3 Stunden Spaziergang nicht mehr an der Leine... Wobei das Wort Spaziergang im Zusammenhang mit Asti

zu gebrauchen, eigentlich eine sehr irreführende Beschreibung dessen ist, was wir da so tun. Für weniger sportliche Menschen wäre unsere Fortbewegungsart sicher schon ein gemütlicher Dauerlauf!
Wir sind auch viel mit den Fahrrädern unterwegs gewesen. Das haben wir zu Hause schon geübt, das klappte gut. Allerdings muss Asti mit meinem Mann laufen, er ist doch im Ernstfall noch etwas „sattelfester“ als ich. Für mich hatte schon Moritz` Begeisterung für einen entgegenkommenden Hund ausgereicht, um mich recht unsanft und unfreiwillig von meinem Rad steigen zu lassen. Zum Glück passierte das auf einem sandigen Feldweg, so dass ich keine ernsthaften Schäden davongetragen habe.

Ein schönes Urlaubserlebnis war auch wieder eine Fahrt mit dem kleinen „Dampfer“ (der natürlich ein Motorschiff ist) auf dem Dobbertiner See. Wir hatten das ja schon im vergangenen Jahr mit Sissi und Moritz ausprobiert, und es war völlig problemlos gelungen. Nun war Asti an der Reihe, sich als seefest zu erweisen. Und genau wie ich es erwartet habe, sie hat das Schiff mit hoch erhobenem Kopf, den Kapitän mit einem Schwanzwedeln begrüßend, betreten. Der Kapitän ist selber Hundehalter, er war daher zu uns ausgesprochen freundlich und in Bezug auf die Mitnahme unserer Vierbeiner sehr entgegenkommend. Die Fahrt hat Asti förmlich genossen, den leichten Fahrtwind um die Schnauze wehend und am Bug sitzend mit freier Sicht auf Wasser und Ufer. Manchmal konnte man denken, sie lauscht den Ausführungen des Kapitäns über die heimische Vogelwelt ganz besonders intensiv. Sicher hat sie sich dabei so vorgestellt, in welcher Form das benannte Geflügel wohl am besten zu verzehren wäre... Oder sie war gedanklich in den Wäldern unterwegs, ohne hinderliche Leine, auf einer wunderbaren Fährte dahineilend... Ich höre jetzt lieber auf, diese Gedankenspiele fortzusetzen, sonst laufe ich doch Gefahr, als ein wenig irre zu gelten. Schließlich weiß man ja als halbwegs intelligenter Mensch – und das zu sein bildet man sich ja ein, wenn man Bücher schreibt – dass Tiere nicht denken können. Sagt man jedenfalls. Aber seien Sie ganz ehrlich und schauen Sie sich Ihren Bello mal genau an: Sind Sie ganz sicher, dass diese Aussage stimmt? Ich glaube, ich kenne die Antwort!

In Dobbertin gibt es neben dem See, der schönen Umgebung und dem bekannten Kloster auch eine wunderbare Konditorei. Man kann dort köstliches Eis in allen Variationen verspeisen. Aber noch besser ist die unglaublich leckere Schwarzwälder Kischtorte. Und schließlich wollten die im Wald abgelaufenen Kalorien wieder aufgefüllt sein! Also waren wir fast täglich gern gesehene Gäste in der Konditorei. Und auch die Vierbeiner waren willkommen, es wurde immer gleich eine Schüssel Wasser serviert. Das war dann für Asti der Test, ob sie sich denn in einer Gaststätte benehmen kann. Und was soll ich sagen: Sie kann! Beim ersten Besuch musste ich ihr noch mal kurz klar machen, dass ihre Nase auf dem Tisch nun wirklich nichts zu suchen hat. Es war auch noch eine kurze Erklärung meinerseits erforderlich, dass der leckere Kuchen nun wirklich nur der Rudelchefin zustand und ich auch nicht die Absicht hatte, etwas übrig zu lassen. Von da an klappte jeder Aufenthalt reibungslos. Und sie legt sich eben ganz brav unter den Tisch – ohne jedes Kommando. Weil das doch mit dem PLATZ so schwer war und wir aufgegeben haben, ich schrieb bereits davon.

Und um nochmals die hundefreundliche Einstellung in dieser Gegend zu unterstreichen, will ich noch dieses Erlebnis erzählen. Wir waren immer darauf bedacht, mit unseren Tieren den Freisitz zu nutzen. In den Gastraum hinein habe ich mich nicht gewagt. Ich bin da ein bisschen eigen. Allein der Gedanke, dass wir des Raumes verwiesen werden, weil wir die Vierbeiner mit dabei haben, hält mich davon ab. Weil ich weiß, dass ich mich dann ewig darüber ärgern würde, so behandelt worden zu sein. Also gebe ich einfach niemandem die Gelegenheit dazu. Darum hatten wir an einem regnerischen Tag auch nur den Kuchen gekauft und mit ins Ferienhaus genommen. Am nächsten Tag fragte mich dann die nette Verkäuferin, warum wir denn gestern nicht ins Cafe gekommen sind. Meine Antwort: „Na wegen der Hunde!“ hat sie nur sehr erstaunen lassen. Und sie sagt darauf: „Aber das ist doch nun wirklich kein Problem. Diese hübschen und gut erzogenen Tiere dürfen doch jederzeit mit herein.“ Na, da wird man doch gleich ein Stückchen größer vor Stolz. Wir haben das Angebot zwar noch nicht genutzt, weil es nicht mehr geregnet hat. Aber trotzdem war die Freude darüber, dass der Umgang mit Hundehaltern auch so sein kann, sehr groß. Denn ob man es glaubt oder nicht: Hundehalter sind auch Menschen, sie ticken nur ein ganz kleines bisschen anders. Aber wirklich nur ganz wenig, oder denkt da etwa jemand anders darüber?

Wir haben während dieses Urlaubs auch den Ostseestrand in Kühlungsborn besucht. Das war nur reichlich eine Stunde Autofahrt entfernt, also problemlos zu erreichen.
Ein Strandkorb am Hundestrand, herrliche Sonne und wunderbare Temperaturen für die Jahreszeit – was will man mehr als nicht gerade küstennah wohnender Binnenländer. Moritz kennt das ja alles. Es gefällt ihm auch ganz gut, weil er am Strand mal so richtig toben kann. Doch wenn er dann unbedingt einer Möwe folgen muss, die leider die strengen Grenzen des Hundestrandes völlig ignorant überfliegt, ist das nicht so toll. Weil man da als Besitzer wieder dasteht, seinen Hund ruft – und jeder Strandbesucher ein klein bisschen schadenfroh sieht: Der Hund folgt ja gar nicht! Ich habe schon erwogen, dann so zu tun, als gehöre der Hund mir gar nicht. So zum Nachbarstrandkorb hinrufend: „Na, dieser kleine Terrier da, der ist aber reichlich unerzogen!“ Doch dies spielt nur meine wüste Fantasie durch, denn in Wirklichkeit will man ja nichts weiter, als seinen Hund möglichst unbeschadet wieder bei sich haben. Hat auch immer geklappt, man muss nur Geduld haben, irgendwann ist die Möwe weit genug weg und dem Hund fällt ein, dass er auch irgendwo sein Rudel hat.

Moritz hat auch versucht, mit seinen Artgenossen zu spielen. Aber er ist mit den vielen anderen Hunden ein wenig überfordert. Ohne Leine ist er zwar eher zurückhaltend. Aber wenn ihm dann die anderen im wilden Spiel zu sehr auf das Fell rücken, zeigt er sich unfreundlich. Und meist schaut er sich das Ganze sowieso lieber aus der Ferne und in meiner Nähe an.
Asti dagegen kannte weder Strand noch Ostsee. Sie hat alles mit der ihr eigenen Ruhe hingenommen. Aber gefallen hat es ihr nicht wirklich. Der Sand hatte ihr nicht genügend Düfte, spielen mit Artgenossen ist sowieso nicht ihr Ding. Einzig das Wasser wäre noch von Interesse gewesen. Sie hat es auch mal probiert, ist richtig mit reingegangen und ein bisschen geschwommen. Aber dann kam da die Welle und kalt war es ja auch und überhaupt – es war das einzige Mal, das Asti in der Ostsee gebadet hat.
Ansonsten fühlten sich beide Hunde in unserem Strandkorb sehr wohl. Wir trugen wieder zur Belustigung der Miturlauber bei, weil bei uns der Hund im Strandkorb liegt und wir im Sand...

Dabei gab es dafür nur einen Grund: W i r wollten Sonne, für die Tiere war aber Schatten besser. Versteht das etwa jemand anders?

Auf jeden Fall haben wir beschlossen, dass Urlaub an der See, und erst recht in einem Seebad, künftig für uns nicht die erste Wahl sein wird. Dafür ist man dort als Hundebesitzer in seiner Freiheit zu stark eingeschränkt. Empfehlenswerter wäre da schon Dänemark, aber das hat wieder andere Nachteile (finanzielle). Weil wir Zweibeiner aber nun mal die Ostsee lieben, machen wir 2006 als Kompromiss einen Kurzurlaub mit unseren Tieren in einer hundefreundlichen Pension. Mal sehen, ob das klappt. Die Hunde müssen ja dann allein und ruhig im Zimmer bleiben, während wir z. B. essen gehen. Das wird eine neue Erfahrung für uns alle. Doch ich bin zuversichtlich, habe großes Vertrauen in unsere beiden Freunde.
Für künftigen Urlaub werden wir aber wieder waldreiche Gegenden im ländlichen Raum bevorzugen.

Asti fühlt sich endlich zu Hause

Ja, das hat schon so seine Zeit gedauert. Viele Monate, um genau zu sein. Allerdings weiß ich nicht so recht, ob ich diese Veränderung irgendwie mit Worten beschreiben kann. Weil da sehr viel Gefühl ist. Man merkt einfach, wie sich das Tier verändert, ohne dass man ganz konkrete Dinge nennen kann.

Ganz deutlich muss ich sagen: Asti hat sich vom ersten Tag an wunderbar angepasst. Natürlich hatte sie ein paar kleine Probleme mit der Umgewöhnung, wie zum Beispiel die kurzfristig mangelhafte Stubenreinheit. Aber das war es dann schon fast. Wenn man bedenkt, dass sich für dieses Tier sein Leben nach acht Jahren von einem Tag zum anderen so völlig verändert hat, war das eine Kleinigkeit.

In den ersten Nächten hatte sie Heimweh. Ich hörte immer das leise Winseln vor der Schlafzimmertür. Es ist mir sehr schwer gefallen, sie nicht mit hereinzunehmen. Aber sie sollte schon lernen, dass ihr Schlafplatz das Körbchen ist. Außerdem war sie auch nicht allein, Moritz schlief ja im Nachbarkörbchen. Wir haben ihr dann einen getragenen Pullover von mir mit in den Korb gelegt. Das hat tatsächlich geholfen, sie hat sich beruhigt.

Sehr aufgeschlossen und begeistert hat sie sich das Morgenritual angeeignet. Das geht nämlich so: Wecker klingelt, Hund steht bereits an der Tür zum Schlafzimmer. Frauchen oder Herrchen machen die Tür spaltbreit auf – und schon sind sie drin. Im Bett. Ja, ich weiß, das tut man doch nicht! Aber es ist ja sooo schön! Übrigens wie die meisten Dinge sehr schön sind, die man eigentlich nicht tut... Nun, wir haben damit kein Problem. Es wird zum Auftakt des Tages eine Runde gekuschelt. Und von unseren nunmehr vier Hunden, die bei uns waren und noch sind, hat noch jeder unheimlich gern gekuschelt. Auch und vielleicht am liebsten im Bett.

Dabei ist interessant zu erwähnen, dass unsere Hunde vollkommen unterscheiden können, wann sie ins Bett dürfen und wann nicht. Man soll ja eigentlich laut Lehrbuch der Hundeerziehung immer ganz konsequent sein. Was der Hund einmal darf, muss er immer dürfen, was er nicht soll, darf auch nicht mal ausnahmsweise erlaubt sein. Weil das den Hund sonst verwirrt. Da Konsequenz auch so eine Eigenschaft ist, die nicht ganz oben auf der Liste meiner Stärken steht, machen wir das eben anders. Asti und Moritz wissen ganz genau: Früh geht's ins Bett, abends in Körbchen. Und sie stehen abends alleine auf, so gegen halb zehn und gehen in ihre Schlafkörbe im Kinderzimmer. Keiner versucht es auch nur, dann mit ins Bett zu wollen. Also nach Verwirrung sieht mir das nicht aus. Entweder ist unser Doppelpack nun besonders pfiffig, oder man soll doch nicht alle Erziehungstipps so tierisch ernst nehmen. Denn wenn man es mal genau betrachtet, bin ich als Hundehalterin fast gänzlich ungeeignet, weil mir all die charakterlichen Vorzüge fehlen, die man da haben sollte. Aber darüber lasse ich mal meine Hunde entscheiden...

Doch zurück in unser Bett am Morgen. Moritz ist ja sowieso der Schmusehund schlechthin. Und Asti nahm das Angebot auch sehr gern an. Aber sie rollt sich nur auf meinen Füßen zusammen und schläft weiter, sie sucht nicht den ganz engen Körperkontakt wie Moritz.

Nach einigen Wochen kam Asti dann, bevor sie sich einrollte, zu jedem von uns zur Begrüßung. Sie stupste uns an, schmiegte einmal den Kopf in unsere Hände – und ging weiterschlafen. Das war schon so eine Veränderung, die zeigte, dass ihre Bindung enger geworden war. Heute wird immer erst ganz ausgiebig geschmust, ehe sie wieder an schlafen denkt. Klar fordert Asti ihre Streicheleinheiten ein, was sie ja eigentlich nicht soll, von wegen der Rangordnung und so. Wiederum uneigentlich aber gibt es sicher wenige Hundehalter, die ihren Hund zurückweisen, wenn er schmusen kommt. Und ob es ein Beaegle-Besitzer jemals geschafft hat, wage ich ernsthaft zu bezweifeln!

Interessant ist, dass Asti genau darauf achtet, ihre freundlichen Gesten genau zwischen meinem Mann und mir aufzuteilen. Sie verfolgt damit sicher das Ziel, sich immer mit uns beiden gut zu

stellen. Das garantiert ihr Zuwendung. Diese Taktik ist super, sie hat hundertprozentigen Erfolg.
In Astis gesamtem Verhalten merkt man, dass sie sich zu Hause fühlt. Sie kennt den Tagesablauf. Sie weiß genau, wenn ich gehe, ist das in Ordnung. Denn ich komme ja wieder. Sie muss mich auch nicht mehr ständig beobachten und mich „verfolgen". Sie hat mich, so hoffe ich, als halbwegs verlässlichen Rudelführer akzeptiert. Dadurch kann sie in aller Ruhe ihr Hundeleben leben. Und das tut sie, ruhig, entspannt, zufrieden. Sie ist ein sehr, sehr verschmuster und anhänglicher Hund geworden mit der Zeit. Wir haben alle zusammen ein neues Rudel gebildet und Asti ist ein wichtiger Teil davon. Damit ist sie offensichtlich sehr zufrieden.

Dass ihre Eingewöhnungszeit bei uns abgeschlossen und sie sozusagen „angekommen" ist, zeigte sich schon sehr deutlich im Mai 2005. In unserer Familie stand ein großes Fest an, die Hochzeit unserer Tochter Kristina. Die Feier war etwas außerhalb in einer Gaststätte geplant. Die Tiere mitzunehmen, kam nicht in Frage. Das wäre für Mensch und Tier eine Belastung gewesen, die nicht sein muss. Aber vom zeitlichen Ablauf her war es schon erforderlich, dass die beiden Hunde während unserer Abwesenheit nochmals die Wiese wässern mussten (wenn sie es denn nicht in der Wohnung tun sollten). Da ja alle sonst bei uns im Dienst stehenden Hundesitter ebenfalls auf der Feier waren, fragte ich Astis ehemaliges Frauchen. Alles kein Problem, die Sache war abgesprochen. Am besagten Tag kam Christel auch wie vereinbart in die Wohnung und ließ die beiden nach draußen. Asti freute sich schwanzwedelnd, sie wiederzusehen. Dann ging sie ihre Pfütze machen und schnüffelte noch kurz durch den Garten. Danach schritt sie hoch erhobenen Hauptes an ihrem alten Frauchen vorbei, zurück in die Wohnung und legte sich wieder auf ihren Platz. Damit hat sie klar und deutlich ausgedrückt: "Schön, dass du mich mal besucht hast. Aber ich bleibe hier, nur damit du es weißt. Ich komme nicht wieder mit!" Zwar war ich nicht dabei, aber genauso ist mir der Ablauf geschildert worden. Und ich sage es ganz

ehrlich: Ich bin sehr glücklich darüber! Asti hat bei uns ihr Zuhause gefunden und die neue Bindung ist stärker als die alte – mehr kann man einfach nicht erwarten. Wir wissen heute, dass wir als Rudel unserer Asti sehr wichtig sind.
Und trotzdem gibt es etwas, was ihr noch viel, viel wichtiger ist: FRESSEN!

Astis größte Leidenschaft

Womit wir beim Thema wären. Es ist allgemein bekannt, dass ein Hund gern frisst. Das liegt in der Natur der Sache und ist ihm von seinen wölfischen Vorfahren so mitgegeben worden. Dass ein Hund aber im Stande ist, trotz ausreichender Fütterung immerzu und ständig nach Nahrung zu suchen, habe ich erst mit Asti kennen gelernt. Und ich kann mir nicht vorstellen, dass es etwas Verfresseneres geben kann als einen Beagle. Und nichts und niemand wird einen Beagle daran hindern, zu betteln, zu tricksen, zu klauen – nur um an etwas Fressbares zu kommen. Asti frisst immer, alles, und das in einem Tempo, als stünde die nächste Hungersnot bereits vor der Tür. „Wenn ich es nicht fresse, frisst es womöglich ein anderer – also fresse ich es lieber selber“, scheint ihr Leitspruch zu sein.

In unserem Rudel ist es so, dass erst die Tiere versorgt werden, dann gibt es für die Zweibeiner was zu Beißen. Wir können dabei froh sein, dass wir getrennte Futtervorräte nutzen. Wären wir darauf angewiesen, was unsere Vierbeiner übrig lassen, sähe es schlecht für uns aus.

Wenn Moritz dann sein Futter gefressen hat, ist er erst einmal satt. Er legt sich friedlich in eine Ecke und verdaut. Genau so, wie es sein soll. Wir können dann in aller Ruhe unsere Mahlzeit zu uns nehmen – Moritz ruht.

Und Asti? Sie ist hellwach und auf der Lauer. Es könnte ein Krümel zu Boden fallen beim Brötchen aufschneiden. Gut, das ganze Brötchen wäre natürlich besser, aber das fällt so selten runter. Also nimmt sie eben die Krümel. Und sie hat nach nunmehr vielen Monaten in unserem Hause die Hoffnung nicht aufgegeben, dass, wenn sie nur intensiv genug bettelt, ihr doch irgendeiner mal was geben muss. So was Leckeres vom Tisch natürlich. Und auch wenn sie seit Monaten bei jeder Mahlzeit enttäuscht wird – sie versucht es beim nächsten Essen wieder. Und wie sie es versucht! Körper, Ohren, Augen – alles drückt nur Eines aus: Ich sterbe

augenblicklich den Hungertod, wenn ich nicht sofort Nahrung bekomme, wenigstens ein kleines Stückchen!
Und da wir uns nun mal so engherzig anstellen, was Astis Verfressenheit betrifft, weiß sie sich zu helfen: Asti klaut! Sie geht dabei mit einer sehr hohen kriminellen Energie vor. Einem Taschendieb gleich nutzt sie jeden kleinsten Augenblick der Ablenkung der Zweibeiner – und schon ist mein Brot ihr Brot geworden. Das heißt, das Brot ist dann schon Geschichte. Auf diese Weise hat schon Schnitzel, Hähnchen, Wurst, jede Menge Kuchen, Kekse, Schokolade, aber auch Gurke, Apfel, Salat, Weintrauben u.s.w. unfreiwillig den Besitzer gewechselt. Asti maust einem die Schnitte aus der Hand, wenn man nicht aufpasst.
Oder auch die Torte vom Teller, je nachdem. Einmal blieben von einem Sonntags-Kaffee-Trinken trotz vollzählig erschienener gefräßiger Familie zwei Stück sehr köstliche Marzipantorte übrig. Meine heimliche Freude, dass ich mir diese dann am nächsten Tag würde in aller Ruhe einverleiben können, währte nur Sekunden. Der Augenblick, in dem ich die Tortenplatte auf dem Tisch abstellte, um nach einem Teller für die weitere Aufbewahrung der zwei kleinen Stücke zu greifen, genügte. Ein Sprung, eine Flugphase, ein Schnappen - und schon war es nur noch eins. Nun hätte ich nur noch die Tortenplatte nach dem Hund werfen können. Das wiederum bedeutete, dass ich auch noch auf das letzte Stück verzichten müsste. Außerdem hätte mein schönes Porzellan ein Teil weniger, was auch nur wieder ärgerlich ist. Also ließ ich es sein, rief meiner Asti ein paar unschöne Worte zu und konnte bei ihrem Anblick schon kaum noch richtig böse sein.
Ja, ich höre es schon wieder: Das muss man dem Hund abgewöhnen, der ist aber schlecht erzogen, also das darf es einfach nicht geben und noch viele andere kluge Sprüche. Aber ich möchte den sehen, der einem Beagle das Futterklauen abgewöhnt hat! Gewaltfrei, versteht sich. Vor dem würde ich dann in voller Hochachtung tief meinen nicht vorhandenen Hut ziehen!
Und nur damit kein falscher Eindruck entsteht: Nein, bei uns sitzen die Hund nicht **auf** dem Tisch. Zumindest so lange nicht, wie wir

in der Nähe sind. Aber **am** Tisch sitzen sie schon mal, und wenn es nur für ein schönes Foto ist.

Zu meinem großen Kummer ist es leider nicht immer gesund, was Asti so unerlaubter Weise in sich hineinfrisst. Als wir im Sommer Biankas Hamster zur Urlaubspflege bei uns aufgenommen haben, war das an sich noch nicht problematisch. Asti hat auch den Hamster nicht als Nahrung ausgewählt, zum Glück. Obwohl mir das nun naheliegend gewesen wäre. Aber weit gefehlt! Die noch ungeöffnete Tüte mit feinstem Hamsterfutter – 600 g Körner aller Art, Pellets aus getrocknetem Gemüse und was weiß ich noch – die war Astis Beute. Und sie hat ganze Arbeit geleistet. Nur wenige Krümel und eine sauber ausgeleckte, leicht zerfetzte Tüte blieben von dieser Schlemmerei übrig. Ich habe es zunächst gar nicht glauben wollen. Wieso frisst ein Hund Körnerfutter, das gibt es doch gar nicht! Doch, bei Asti schon. Moritz hat sich aus dieser Fressorgie ganz dezent herausgehalten. Alles macht er nun doch nicht mit. Woher ich das weiß, schließlich war ich nicht dabei?

Ganz einfach, weil aus Moritz Körper nicht in den folgenden 3 Tagen jede Menge unverdauter Körner wieder hervorgetreten sind, aus Astis dagegen schon!
Jedenfalls hatte ich nach dieser Fressattacke ernsthaft Angst um meinen Hund. Sie war rund wie eine Tonne und schien auch sichtlich an einem Völlegefühl zu leiden. Sie bewegte sich im Unterschied zu sonst eher langsam. Am liebsten legte sie sich irgendwo hin. Ich habe schon überlegt, ob ich sie zum Tierarzt bringe. Aber was sollte er tun? Der Bauch war nun mal voll, wir konnten nur abwarten und hoffen, dass die Verdauung gut funktioniert. Und sie funktionierte, bestens. Hier traf die Bezeichnung Ballaststoffe im wahren Wortsinn zu. Jedenfalls war nach dem vierten großen Haufen die Welt wieder in Ordnung und Asti bereits wieder mit Appetit unterwegs.
Klar steht bei uns künftig kein Hamsterfutter mehr herum. Aber ich wäre niemals auf den Gedanken gekommen, dass ein Hund sich über diese Körner hermacht! Man lernt eben nie aus.

Schlechter noch waren die Süßigkeiten, die meine beiden Freunde geklaut haben. Dass sie dazu Gelegenheit hatten, liegt natürlich an uns Zweibeinern. Es waren immer die Geburtstage. Bei uns ist es üblich, dass dem Geburtstagskind (unabhängig vom Alter) ein Geburtstagstisch hergerichtet wird. Und zu den Geschenken gehört nun auch mal etwas zum Naschen. Aber eben doch für Menschen, nicht für Hunde.
Das sah Asti anderes. Sie nutzte unsere Unaufmerksamkeit und eine offen gelassene Tür sofort aus. Eine Tafel Herrenschokolade war in Windeseile aufgefressen. Nun ist das mit Schokolade so eine Sache. Zuviel davon kann dem Hund ernsthaft gefährlich werden. Je höher der Kakaoanteil, desto schlechter für den Hund.
Da hatte ich dann mal doch tierärztlichen Rat eingeholt. Aber zum Glück blieb es bei Symptomen wie Unruhe, Hecheln, Nervosität.
Auf gleiche Weise wurde eine große Dose Mokkabohnen von den beiden entwendet und erfolgreich vernichtet. Vor allem Moritz hatte diesmal den Löwenanteil gefressen, bevor ich dazu kam und

zumindest das Allerschlimmste verhindern konnte. Das hatte dann doch eine intensive Magenverstimmung zu Folge, bei beiden. Das Erbrechen war ja einerseits gut, so verließ die große Menge Zartbitter-Schokolade den Körper wenigstens wieder. Dass dabei sehr dekorative dunkelbraune Flecke auf der Auslegware entstanden, war nur eine Randerscheinung. Aber hier zeigte sich wieder, dass ich noch viel über Hunde lernen muss. Während ich damit beschäftigt war, oben erwähnte Flecken zu beseitigen, hatte ich die beiden in ein anderes Zimmer gesperrt. Ich hatte nicht erwartet, dass Moritz sich sofort erneut übergeben muss... Ich will ja nicht auf unappetitliche Details eingehen. Aber Asti war sofort zur Stelle, und der Teppich war schon fast sauber, noch bevor ich es überhaupt gesehen hatte! Damit war dann auch Asti endgültig auf ihren Anteil an der ungesunden Kost gekommen. Und so eklig mir das auch erschien, für Hunde ist dieses Verhalten normal. Habe ich kurz darauf in einem Artikel in der Hundezeitung nachlesen können. Futter wird „auf Vorrat" gefressen und dann bei Bedarf für andere Rudelmitglieder wieder hervorgebracht. Die fressen dann das bereits im Magen gewesene ganz selbstverständlich wieder auf. Asti hat sich also über Moritz` Futtergabe gefreut. Sie konnte ja nicht wissen, dass dem nur übel war! Nun ja, man muss ja nicht alles schön finden, was Hunde so tun. Dieses Verhalten gehört für mich dazu. Aber schließlich bin ich auch ein Mensch.
Und bevor die verehrten Leser den Tierschutz alarmieren, weil meine Tiere durch unsere Nachlässigkeit mehrfach an für sie wenig bis ungeeignete Leckereien herangekommen sind: Seither ist nichts in dieser Form wieder passiert, weil wir wirklich aufgepasst haben. Wir sind lernfähig!
Ich könnte noch ewig über Astis größtes Hobby, das Fressen, berichten. So hat sie sich zum Beispiel auch vom ersten Tag an mit meiner Mutti gut gestellt. Denn da gibt es immer, aber auch wirklich immer, die leckersten Sachen zu fressen. Wie das bei Omas so ist, kocht auch meine Mutter sehr gern und gut. Die Ernährung steht im Mittelpunkt des Tages. Von der Beschaffung der Zutaten über die Zubereitung bis hin zum Verzehr. Asti

interessiert sich in erster Linie für Letzteres. Und da fällt immer mal ein wenig Fleisch, ein bisschen Gemüse, ein Rest Kartoffeln oder Reis und was auch immer die Töpfe hergeben, ab. Ein paar normale Hundeleckerli gibt's als Kompott, Ordnung muss schon sein. Natürlich hatte Asti sofort erkannt, wie das so läuft. In den ersten Wochen rannte sie pausenlos nur die Treppe nach oben, in der Hoffnung auf Nahrung. Das hat nicht funktioniert (vernünftiger Weise gab es nicht jedes Mal was zu fressen, sonst wäre Asti heute 20 Kilo schwer!). Außerdem habe ich ihr unerlaubtes Entfernen nicht gerade mit Lob bedacht. So hat sie dann im Laufe der Zeit ihre Ausflüge weitgehend eingestellt. Jetzt geht sie (meistens) nur nach Aufforderung mit. Was ja irgendwie auch einen gewissen Erziehungserfolg darstellt, möchte ich meinen.
Als letztes will ich zu diesem Thema noch eine sehr unangenehme Eigenschaft meiner Asti erwähnen. Sie arbeitet unterwegs auf Straßen und Wegen als Staubsauger und Müllschlucker. Das Gassi-Gehen ist auch in dieser Hinsicht sehr anstrengend. Sie frisst eben einfach alles, was sie findet. Mit besonderer Vorliebe die Hinterlassenschaften ihrer Artgenossen und all jener, die es nicht mehr bis zu einer Toilette geschafft haben...
Ich habe es nun über 1 Jahr vergeblich versucht, ihr diese Unart abzugewöhnen. Der Erfolg ist null oder sogar negativ, denn sie frisst jetzt mehr als je zuvor. Mich stört das wirklich sehr. Ich sehe einem Hund im Grunde viele Dinge nach, eben, weil er ein Hund und damit ein lebendiges Wesen und keine Maschine ist. Aber dieses Verhalten ekelt mich immer wieder aufs neue und es ärgert mich, dass es keinen Weg geben soll, das zu ändern. Also, wer einen echt erfolgversprechenden Tipp für mich hat – nur her damit!

Ein recht glücklicher Umstand ist, dass Asti ein offenbar gut funktionierendes und keinesfalls störanfälliges Verdauungssystem hat. Bisher hat sie alles, was sie so gefressen hat, ohne ernste gesundheitliche Probleme überstanden. Wenn man mal von den öfter auftretenden, sehr übel riechenden Abgasen absieht, die dem

Hund in fast jeder Lebenslage entweichen können. Die sind dann doch nicht jedermanns Sache und zarte Näschen schreien da schon mal nach Frischluft. Allerdings, so habe ich mir sagen lassen, ist diese Angelegenheit nicht nur bei Vierbeinern sehr unangenehm!

Astis jüngster Versuch, sich selber zu schaden, gelang ihr mit einer Tupperdose. Das sind diese praktischen und wenig preiswerten Plasteschüsseln und –dosen, ich denke, das ist bekannt. Ein solches wertvolles Teil besaß ich also für die Aufbewahrung von geriebenem Käse. Ich hatte nach getaner Arbeit mein redlich verdientes Mittagessen in Form von Spaghetti, Tomatensoße und Käse zu mir genommen. Da ich ungern etwas umkommen lasse, hatte ich alles aufgegessen, einschließlich Käse. Die leere Dose stand noch auf dem Tisch. Ich wollte ihr die Spülmaschine ersparen, weil die Plaste ein wenig empfänglich für die rote Farbe der Tomatensoße ist, wenn sich die beiden in dem Waschgang begegnen.
Leider kam dann irgendeine Ablenkung dazwischen und ich vergaß, dass da mal was stand, auf dem Tisch. Derartige Unaufmerksamkeit weiß Asti sofort zu bestrafen!
Jedenfalls fand ich die Dose auf meinem Bett wieder – dorthin hatte sie Asti mitgenommen. Da offenbar an dem Deckel noch einige wenige Krümchen Käse haften geblieben waren, wurde dieser mit spitzen Zähnen und roher Gewalt entfernt. Da sie gerade dabei war, wurde dann dieses Plasteding in maulgerechte Stücke geschreddert, sicher immer in der Hoffnung, doch noch das komplette Käserad zu finden, nach dem es doch so gut duftete.
Doch das war alles noch nicht genug. Einen Teil des Deckels hat sie gefressen! Das habe ich erst am nächsten Morgen gesehen. Asti hatte mehrfach erbrochen: lauter kleine rote Plastehaufen! Ich war einfach nur entsetzt. Und ich bin einmal mehr dankbar, dass sie keine ernsthaften Verletzungen davongetragen hat. Man hat ihr weder eine Unpässlichkeit noch sonst irgend etwas angemerkt. Und da es ihr bis heute gut geht, hat sie wohl auch längerfristig keinen Schaden genommen.

Ich bin heute überzeugt, dass mich Asti bis an ihr Ende noch mit so manchen Dingen überraschen wird, die ich eigentlich für unmöglich gehalten habe. Und ich hoffe inständig, dass ihr ihre extreme Verfressenheit nicht eines Tages doch einmal zum Verhängnis wird. Ich weiß, dass ich es nicht verhindern könnte, und deshalb ist mir nicht sehr wohl bei dem Gedanken.

Doch ich will auch noch ein paar nette Worte sagen.
Trotz ihrer Verfressenheit ist Asti nicht futterneidisch. Auch verteidigt sie ihr Futter nicht Menschen gegenüber. Selbst den geliebten Kauknochen kann man ihr problemlos abnehmen, wenn man es denn will. Allerdings ist Asti ja beim Fressen sehr schnell. Und dann ist sie immer schon fertig, während Moritz als alter Genießer noch jedes Fleischstückchen einzeln betrachtet und dann erst frisst. Das führt dazu, dass sie ihm dann ein wenig helfen möchte, seinen Napf auch zu leeren. Das macht sie ganz nett, ohne knurren oder so. Nur, Moritz merkt es, obwohl er ein Mann ist! Und dann gibt es Haue. Ja, mein schüchterner Moritz lässt sich sein Futter nicht mausen, das macht er der Asti ganz eindeutig klar. Wenn sie es nicht sofort versteht, hat das dann mitunter eine kleine Schramme an der Schnauze oder auch einen kleinen Riss im Schlappohr zur Folge. Und Asti merkt es sich dann – genau bis zur nächsten Fütterung. Dann versucht sie es erneut, ganz vorsichtig, nur ein bisschen...
Und wie es im wahren Leben so ist: Steter Tropfen höhlt den Stein oder Geduld führt zum Erfolg. Heute hat Asti den Moritz so weit, dass er, wenn auch widerwillig, ihr die restlichen Krümel in seinem Napf nahezu kampflos überlässt. Das Motto kann man sich raussuchen. Entweder der Klügere gibt nach oder die Stärkere gewinnt. Wie es auch sei, ich muss auch beim Fressen zumindest ein Auge auf meine beiden Freunde halten.

Asti und die Baby-Zweibeiner

Ein wichtiges Kriterium für die Auswahl unseres neues Hundes war ja, dass er gutmütig sein muss und mit Kindern auskommt. Denn die Kinder sind nun mal da. Unsere beiden Enkelsöhne, Martin (Juni 2002 geb.) und Karl (August 2005 geboren). Als Asti einzog, ging es erst mal nur um Martin. Wie alle Kinder in dem Alter ist er laut, manchmal etwas ungestüm und vor allem unberechenbar. Aber er hat den Umgang mit Hunden auch sozusagen vom Säuglingsalter an gelernt. Das ist schon mal ganz wichtig, wenn man Zwischenfälle vermeiden will. Den Rest muss man durch sehr viel Aufmerksamkeit erbringen.

Asti kannte Umgang mit Kindern nicht wirklich. Aber sie hat das wunderbare Gemüt des Beagles. Für sie war Martin ein Rudelmitglied wie alle anderen. Sie hat sich ein-, zweimal etwas erschrocken, wenn er sich sehr sprunghaft bewegt hat. Aber danach war es für sie in Ordnung, er war halt so. Aufpassen muss man aber, wenn Martin etwas Essbares in der Hand hat. Da geht Asti dann immer davon aus, dass er ihr das gerade geben wollte. Und gibt er es nicht gleich freiwillig her, holt sie es sich auch gern selber. Das findet dann nur der Hund gut, Martin eher weniger. Aber die Situation lässt sich erzieherisch für beide Seiten nutzen. Der Hund wir natürlich mit einem energischen „Nein!“ möglichst schon am Versuch des Futterklaus gehindert. Und dem Kind wird beigebracht, dass man sich nun mal zum Essen ordentlich an einen Tisch zu setzen hat. Wenn dann nach vielen Mühen beide ihre Lektion begriffen haben, ist das Problem aus der Welt. Aber bis es so weit ist, das kann dauern. Sowohl bei Hund als auch Kind. Davon können einerseits die Hundehalter und andererseits die Eltern und Großeltern ein Lied singen (oder vielleicht ein Buch schreiben?) Wobei es sowieso nach meiner Erfahrung einige Gemeinsamkeiten bei der Erziehung kleiner Zwei- und Vierbeiner gibt. Mit einem großen Unterschied. Wenn der Hund dann endlich begriffen hat, worum es geht, dann funktioniert es auch relativ gut. Das Kind hat zwar auch begriffen, aber das heißt noch lange nicht, dass es dann auch tut, was es soll... Letztlich ist es aber mit der Erziehung bei Mensch und Tier ganz gut gelaufen, denke ich. Unsere beiden Töchter sind doch ganz prima Menschen geworden. Und über die Hunde hat sich bisher auch noch keiner beschwert.

Als Martins Bruder Karl geboren wurde, haben wir wieder die schon einmal bewährte Methode des Kennenlernens angewandt. Zunächst haben wir eine Windel aus der Klinik den beiden zum Beschnuppern mitgebracht. Als dann das Kind zu Hause war, Asti und Moritz hinsetzen lassen und ihnen den Karl gezeigt. Sie durften schnuppern und mal ein ganz kleines bisschen abschlecken. Von diesem Moment an ist der „Welpe" akzeptiert und gehört zum normalen Alltag dazu. Ich kann sogar sagen, dass unsere beiden selbst mit zeitweise eingeschränkter Zuwendung gut zurechtkamen. Ich habe mich als Oma in den ersten Monaten an einem Tag in der Woche um Karl gekümmert. Nun ist man ja ein wenig aus der Übung und will bei einem „fremden" Kind nun erst recht alles ganz besonders richtig machen. Da blieb für die Tiere einfach etwas weniger Aufmerksamkeit, als sie sonst gewöhnt sind. Aber sie haben es gelassen hingenommen. Ich war da, der Welpe war da – für Asti und Moritz gab es keinen Grund, darin etwas Nachteiliges zu sehen. Heute sind die Kinder ein ganz normaler Teil des Alltages. Es gibt seitens der beiden Vierbeiner keinerlei unerwünschte Reaktionen. Das ist doch ein schöner Erfolg und auch ein Beweis mehr, dass sich Familienzuwachs und Haustier nicht ausschließen muss.
Und doch schien sich in Asti irgendeine Erinnerung zu regen. Sie konnte zwar zu Karl keinen direkten Körperkontakt herstellen, dazu gaben wir ihr keine Gelegenheit. Aber ich besitze zu Dekorationszwecken eine lebensecht nachgebildete Baby-Puppe. Mit dieser Puppe liegt Asti fortan ganz besonders eng angekuschelt. Egal, wo sich „Baby Emely" befindet, Asti legt sich dazu und passt darauf auf. Ich finde das sehr rührend und musste das natürlich im Bild festhalten. Dabei ist sehr interessant, dass sie das nur tut, wenn ich aus dem Haus gehe bzw. nicht zu Hause bin.

Keine Sorge, ich habe keine Überwachungskameras installiert. Aber meine Mutti springt immer mal als Hundesitter ein, wenn ich länger arbeiten muss. Und sie hat auch sonst ein waches Auge auf die beiden, wenn ich mal länger weg bin. Und sie erzählt mir dann, wie sich Asti und Moritz so benehmen, wenn die Chefin nicht da ist.
Um es also nochmals zusammenzufassen: Obwohl Asti vorher keinen Umgang mit kleinen Kindern hatte, ist sie auch in dieser Hinsicht ein absolut gutmütiges und freundliches Tier. Ihr Charakter ist eben einfach wunderbar. Dabei bleibe ich, auch wenn sie einen kleinen, liebenswerten Dickschädel hat. Denn damit kann man umgehen, wenn nur der Charakter und das Wesen stimmen!

Stubenreinheit und andere Zipperlein

Es ist nicht wirklich ein Problem. Aber es sah im Sommer 2005 so aus. Natürlich war Asti stubenrein. Sollte es dennoch zu gewissen Unfällen gekommen sein, sind die entweder auf menschliches Versagen zurückzuführen oder auf einen sehr großen Ärger, den Asti mit den ihr zur Verfügung stehenden Mitteln irgendwie auszudrücken versuchte.

Auf jeden Fall war irgendetwas anders als bisher. Zuerst bemerkte ich einmal eine nasse Stelle auf dem Sofa. Dort hatte bis vor kurzem Asti geschlafen. Sollte sie sich im Schlaf vergessen haben? Komisch, aber wer weiß? Wenig später sah ich nasse Flecke auf der Auslegware, wenn Asti vor mir auf dem Fußboden gelegen hatte. Es gab nur eine Schlussfolgerung: Asti ist undicht! War die nächste Frage: Warum? Ich vermutete zunächst vielleicht einen Infekt, leichte Blasenerkältung oder so was. Dagegen sprach, dass Asti keinerlei sonstiges anderes Verhalten zeigte, wie z. B. öfter raus müssen, Schmerzen oder so. Und nach ganz kurzer Zeit war auch alles wieder in Ordnung. Aber auch nur für sehr kurze Zeit. Dann bemerkte ich wieder immer nach dem Schlafen kleinere und auch größere „Wasserschäden". Also, ab zum Tierarzt. Als erste Hilfe für unsere Möbel habe ich wasserdichte Bettlaken erworben. Damit habe ich dann das Sofa und unsere Betten gesichert. Unter einer schönen Decke verborgen ist das völlig unproblematisch und äußert wirkungsvoll.

Der Tierarzt verordnete uns ein Medikament gegen die Blasenschwäche. Nur wenige Tropfen, allerdings täglich und für immer. Asti hat sehr gut darauf reagiert und wir haben seither keine ungewollten Pfützen mehr. Die Ursachen für dieses Problem können in der Kastration liegen. Vielleicht ist es aber auch eine Schwäche, die durch die vier Geburten verursacht ist. Das soll es ja bei uns zweibeinigen Weibchen auch zur Genüge geben, habe ich gelesen. Wir wissen es nicht und es ist auch egal. Dem Tier konnte geholfen werden und das ist das einzige, was wichtig ist.

Unser Weg führte uns erneut zum Tierarzt, weil Asti bereits seit längerem hustete. Das hatte sie bereits einmal. Da bestand ein zeitlicher Zusammenhang mit einer heftigen Erkältung bei mir, eben auch mit Husten und Schnupfen, wie das so ist. Bekanntlich können wir Zweibeiner unsere besten Freunde sehr wohl mit unseren Schnupfennasen auch infizieren.
Diesmal hielt sich der Husten aber hartnäckig. Vor allem trat er hauptsächlich in Ruhe auf und wenn Asti aufstand. Das hätte auch etwas mit dem Herzen zu tun haben können. Da war ich gleich wieder hellwach. Meine Asti wurde gründlichst untersucht – Herz ist gesund, Lunge ebenso. Na, wenn das kein Grund zur Freude ist bei einem fast 10-jährigen Hund! Blieb noch der Husten. Sie bekam Husten-Tabletten – 4 Tage später war der Husten weg. Ein Medikament, was ich selber schon oft genommen habe, half nun auch meinem Hund. Ist schon genial. Aber Vorsicht, liebe Hundefreunde, lieber nicht selber ausprobieren, ob unsere Medizin auch dem Vierbeiner helfen könnte. Dafür gibt es schließlich Leute, die das extra gelernt haben – unsere Tierärzte. Und die sollte man in jedem Fall um Rat fragen, wenn einem das Leben seines Hundes wichtig ist. Selbstbehandlungen könnten da echt böse Folgen haben, und das will doch keiner!
Das waren auch bisher die einzigen kleinen Problemchen, die wir gesundheitlich mit Asti hatten. Ansonsten ist sie fit wie ein Turnschuh. Sie hat dank unserer ausreichenden Bewegung und meiner etwas engherzigen Futtertechnik eine Idealfigur von wenig über 12 kg. Das ist bei einem Beagle durchaus nicht selbstverständlich! Sie läuft, springt, gräbt – noch immer am liebsten stundenlang. Am 26.12.2005 haben wir ihren 9. Geburtstag gefeiert. Und noch während ich an diesem Buch schreibe, geht es mit Riesenschritten auf den 10. zu!

Hört mal, wer da schnarcht

Asti besitzt die Fähigkeit, völlig entspannt, tief und sehr fest zu schlafen. Dabei ist es ihr egal, was gerade um sie herum vorgeht – sie schläft.
Für mich ist das insofern neu, weil unsere Sissi das eben nicht konnte. Sie war immer auf dem Sprung, immer vorsichtig und wachsam. Aufgrund ihrer Ängstlichkeit kam Sissi sehr selten zu einem richtig tiefen Schlaf.

Bei Asti ist nun aber dieses tiefe Schlafen sehr oft von Geräusch begleitet. Das soll heißen: Asti schnarcht wie ein Holzfäller. Als ich das zum ersten Mal hörte, konnte ich kaum glauben, dass diese Geräusche aus dem Hund kommen sollen! Aber es ist so, je tiefer sie schläft, desto lauter das Schnarchen.
Nun finde ich eine solche Geräuschkulisse nicht gerade so toll. Wenn ich derartiges nachts von meinem Mann zu hören bekomme, gibt es einen mehr oder – je nach Lautstärke und Dauer des Schnarchens – weniger sanften Knuff in die Seite, als Aufforderung zum sofortigen Wenden des Körpers. Bisher klappte das auch tadellos.
Zu Astis Schnarchen habe ich nun aber leider nur gesagt: „Lass den armen Hund schlafen!“ Daraufhin hat mein lieber Mann energisch Protest eingelegt und Gleichbehandlung zwischen Mann und Hund gefordert. Was blieb mir anderes übrig, ich musste nachgeben, natürlich nur im Interesse des Hundes. Wenn nun Asti am Wochenende früh zur üblichen Zeit in unser Bett umgezogen ist, kann es also passieren, dass sowohl Asti als auch mein lieber Gatte in einem traumhaft verstimmten Chor gemeinsam schnarchen. Den Hund wecke ich nicht und wegen der Fairness und der oben erwähnten Vereinbarung entfällt auch der Tritt in die Rippen des Ehemannes. Schlafen kann **ich** dann zwar nicht mehr, aber ich kann ja die Zeit nutzen, um über neue Geschichten für meine Hundebücher nachzudenken...

Wenn da übrigens jetzt jemand behauptet, Frauen würden auch schnarchen, dann bezeichne ich das als üble Nachrede! Wenn wir überhaupt derartige Geräusche von uns geben, dann ist das keinesfalls ein ohrenbetäubender und gleichzeitig entnervender Lärm ähnlich einer Motorsäge. Es kann sich dann doch allerhöchstens um ein zartes Säuseln handeln, keinesfalls dazu geeignet, einen anderen Menschen und schon gar nicht den eigenen Mann am Schlafen zu hindern!

Asti und die Artgenossen

Auf unseren vielen Wanderungen bleibt es ja nicht aus, dass wir Artgenossen begegnen. Asti reagiert darauf eher verhalten bis gar nicht. Wenn sie sich die Zeit nimmt, ihr Schnüffeln zu unterbrechen, widmet sie dem anderen Hund wenige Sekunden ihre geschätzte Aufmerksamkeit. Mehr aber auch wirklich nicht. Sie hat weder Lust auf nähere Kontakte, noch den Artgenossen genauer unter die Lupe, will sagen die Nase, zu nehmen. Es gibt die anderen Vierbeiner, das ist in Ordnung, fertig. Nur ganz selten einmal mag sie das Gegenüber nicht, stellt sofort die Rückenbürste auf und gibt einen leichten Unmutslaut von sich. Aber da hat dann meistens schon Moritz rumgestänkert und Asti macht da ihm zuliebe mit, weil der gerade ihrer Meinung nach diese Unterstützung gebrauchen kann.
Und dann gibt es noch die Hunde, vor denen sich Asti fürchtet. Es ist bisher überhaupt das Einzige, wovor sie Angst hat – zumindest was ich bisher feststellen konnte. Das sind die ganz großen Hunde, also Riesenschnauzer, Irischer Wolfshund, Dogge. Die findet sie einfach nur unheimlich, stellt die komplette Rückenpartie das Fell auf, merkt, dass sie immer noch nicht groß genug ist – und versteckt sich hinter mir. Nicht, dass ich den enormen Vertrauensbeweis verkenne, der mir da zuteil wird! Doch wenn ich ganz ehrlich bin – und ich bin ehrlich – verursachen auch bei mir Hunde ab einer gewissen Körpergröße ein eher gemischtes Gefühl. Weniger deshalb, dass der Hund mir zu nahe kommt. Es ist eher die Befürchtung, dass meine beiden „Kleinen“ zum Opfer werden könnten und ich recht hilflos daneben stehe. Das kann man zwar verstandesmäßig versuchen zu unterdrücken (die sind doch ganz brav, prima erzogen, ganz gutmütig und, und, und). Aber was ist schon Verstand kontra Gefühl? Dennoch ehrt es mich, dass meine Asti in mir den Chef und somit Beschützer gegenüber jedweder Gefahr sieht. Ist ja auch irgendwie ein Zeichen, dass das mit uns beiden und unserer Verständigung ganz gut gelungen ist.

Auf jeden Fall ist Asti noch keinem fremden Hund gegenüber in irgendeiner Weise böse oder gar angriffslustig gewesen. Ich sage ja immer, Asti ist Pazifist. Ein schönes Beispiel dafür ist, wenn Laila (die Beagle-Mix-Hündin meiner Tochter) zu Besuch kommt. Laila ist eigentlich in jeder Hinsicht ein sehr liebes, folgsames und verträgliches Tier. Aber uneigentlich scheint sie zu meinen, in unserem Haus die älteren Rechte zu besitzen. Schließlich wohnte sie schon lange vor Asti hier. Aber zu dieser Zeit lebte ja die Sissi noch. Und die hat für Ordnung in ihrem Revier gesorgt! Es durften alle kommen, sie hat auch niemandem je etwas getan – aber sie hat ihren Artgenossen mit ihrer Körpersprache immer aufs neue klar gemacht, dass hier nur eine etwas zu sagen hat: Sissi! Und da haben sich auch alle danach gerichtet.
Jetzt scheint Laila ihre Chance nutzen zu wollen. Sie vertreibt Asti von ihrem Lieblingsplatz und zeigt ihr sehr deutlich, dass sie hier das ranghöhere Tier ist. Asti nimmt das hin und sucht sich eben ihren zweiten Lieblingsplatz. Sie hat nicht den geringsten Versuch gemacht, ihre Position zu behaupten. Moritz hält sich da sowieso heraus, und mit ihm ist Laila ja auch nett. Doch solange diese kleinen Auseinandersetzungen unblutig ablaufen, mische ich mich da auch nicht direkt ein. Ich halte aber ein Auge drauf, im Zweifelsfalle auch zwei.

Manchmal treffen wir unterwegs die hübsche junge Beaglehündin Ali. Sie ist sehr freundlich und eben auch sehr kontaktfreudig. Aber auch sie stößt bei Asti auf sprichwörtlich taube Ohren. Sie wird nur mit einem kleinen Seitenblick bedacht, im Falle bester Laune sogar noch mit einem kurzen Schnüffeln. Das war es dann, genug Kontakt, fertig, wann gehen wir denn endlich weiter? Ich frage mich, ob sie vielleicht zusammen spielen würden, wenn Asti nicht angeleint wäre? Klar ist ein gemeinsames Spiel mit Leine nicht so toll. Doch Asti abzuleinen, erscheint mir ein nicht zu kalkulierendes Risiko, welches ich nicht eingehen kann und will. Zwar wird mir auch immer wieder erzählt, dass die auf ihrer einmal gefundenen Fährte entwischten Beagle irgendwann ja wieder vor der Tür stehen. Aber so risikofreudig bin ich nicht. Außerdem muss ich in meinen Alter auch die Nervenbelastung in Grenzen halten. Und das stunden- oder tagelange Warten auf meinen – vielleicht – heimkehrenden Hund würde ich als seelische Folter betrachten, keinesfalls dem allgemeinen Wohlbefinden zuträglich.

Ganz kurz nach Astis Einzug in unserer Familie gab es bereits einmal so eine Situation, die das Herz scheinbar für kurze Zeit aussetzen lässt und gleichzeitig beweist, dass selbiges doch sehr robust und noch nicht unterzukriegen ist.
Ich wollte mit den beiden Gassi gehen. Dazu wird im Hausflur „angezogen", das heißt Halsbänder und Geschirr angelegt. Dann mache ich die Haustür auf und die beiden dürfen hinaustoben. Was sie auch immer wieder mit ausgiebiger Freude und entsprechend temperamentvoll tun. Dabei gehe ich natürlich davon aus, dass das Grundstück abgeschlossen ist, also das Hoftor zumindest zu. Das ist eigentlich auch immer so. Meistens schaue ich zur Sicherheit sogar noch mal aus dem Fenster, um mich zu vergewissern. Aber wie das eben so geht, an diesem Tag trafen gleich mehrere dumme Umstände zusammen. Ich war unaufmerksam, dachte nicht an das offene Tor und nachgeschaut habe ich schon gleich gar nicht. Und es kam, wie es musste. Beide rannten aus der Tür, im Galopp aus dem Tor auf die Straße. Wobei unsere Straße eine Spielstraße ist, was bei einem sich vorschriftsmäßig verhaltenden Kraftfahrer nicht zu einem großen Schaden an den Tieren hätte führen dürfen. Weil der aus dem Tor laufende Hund gleichwohl auch ein Kind sein könnte. Die Betonung liegt aber dabei auf vorschriftsmäßig. Denn die meisten Autos fahren die vorgeschriebene Schrittgeschwindigkeit – aber es sind leider die Schritte eines Sprintweltmeisters!
Aber unsere Straße wurde ja noch problemlos passiert. Asti rannte voraus, Moritz mit wehenden Ohren hinterher. Dann mein Rufen, was mir nach mehreren lähmenden Schrecksekunden endlich lauthals gelang. Sie hatten die Hauptstraße bereits erreicht, Asti

hatte sie betreten. Aber nicht mehr rennend. Stark überlegend, ob es sinnvoll wäre, meinem Ruf zu folgen. Unter langsamer (!) Abwägung aller Umstände wurde eine Entscheidung gefällt. Moritz kam zuerst angelaufen, der hatte sich an seine Erziehung erinnert. Mit Asti war ich ja im Erziehungsprogramm noch gar nicht bis zu dieser Lektion vorangekommen! Aber auch sie hat sich für mich entschieden! Langsam und gemütlich trat sie den Rückweg an, so als wollte sie es sich doch noch mal genau überlegen, ob sie das jetzt wirklich richtig macht...
Mein überschwängliches Lob war ihr gewiss. Ich war sehr erleichtert, dass weder Hund und erst recht kein Mensch durch eine kleine Unachtsamkeit mit großer Wirkung zu Schaden kamen.
Und was zeigt uns das wieder? Wir sind alle Menschen, die leider auch Fehler machen, selbst bei besten Vorsätzen kann das passieren.

Asti und ihre Hobbys

Wenn man mal vom Fressen absieht, gibt es noch ein paar Dinge, die Asti große Freude bereiten können. Das hat zwar im weitesten Sinne dann auch wieder mit Futter und dessen Beschaffung zu tun, aber bis dahin lässt sich mein Hund schon einiges einfallen.
Da wäre erst mal Astis Hang zum Müllhund. Irgend etwas an jeglichem Abfall muss wahnsinnig faszinierend sein. Müll verbirgt geheime Freuden – vor allem aber mehr oder weniger vergammelte Essenreste. Die zu erhalten und noch nutzbringend zu verwerten, hat sich mein Hund zur Aufgabe gemacht. Immer in guter Gesellschaft und mit tatkräftiger Unterstützung ihres Freundes Moritz.
Es ist eine überaus dekorative und vom Geruch her interessante Variante der Mülltrennung, wenn Asti daran mitgewirkt hat. Die Zerstörung eines gelben Sackes, der sich dummer Weise in ihrer Reichweite befand, ist ja nun ein Kinderspiel. Danach folgt die sorgsame Entnahme jeglicher Behältnisse, die vormals etwas Essbares enthielten. Je nach Beschaffenheit dieser Objekte wurden sie dann entweder nur sauber ausgeleckt (förmlich zur Wiederverwendung geeignet) oder aber in etwa 1 cm große und kleinere Einzelteilchen zerpflückt. Man könnte es auch schreddern nennen. Völlig ohne Maschine und teuren Strom, einfach nur durch Einsatz eines Müllhundes! Das kreative Gestalten gipfelt darin, dass der gesamte Inhalt des gelben Sackes in der Wohnung verteilt wird, in allen Räumen (weil bei uns nun mal alle Räume den Vierbeinern zugänglich sind).
Wenn ich dann dieses Chaos vorfinde, ist es längst zu spät, dem Hund klarmachen zu wollen, dass so etwas nicht so gern von mir gesehen ist. Er liegt dann zufrieden in seiner Ecke, stolz sein Werk betrachtend. Und ich mache mich einfach ans Aufräumen.

Eine weitere Leidenschaft trat zutage. Nämlich die für getragene Socken... Einer Trophäe gleich wurden sie von Asti, wenn sie denn wieder mal den Wäschekorb geplündert hat, davongetragen. Und dann widmete sie sich intensiv der Begutachtung dieser Fußkleider. Stellte sie fest, dass da noch gar keine Löcher drin waren, hat sie diesen unhaltbaren Zustand augenblicklich verändert. Sie riss den Zehenbereich in viele Teile oder entfernte ihn gleich ganz. Halbe Socken trage ich eher seltener, sie kleiden mich nicht. Und auch mein Mann mochte sie nicht mehr haben, er fror an die Zehen! Im übrigen entstand nach Astis Behandlung an den jeweiligen Socken wirtschaftlicher Totalschaden, Reparatur ausgeschlossen.

Doch noch weitere Garderobe fiel Asti zum Opfer. Ich bin zwar kein Ordnungsfanatiker, aber eine gewisse Grundordnung herrscht in unserem Haushalt, meine ich. Da man es ja mit dem Putz- und Waschwahn auch nicht übertreiben soll, kommt es durchaus vor, dass ich eine einmalig getragene Weste wieder zurück auf den Bügel und dann in den Kleiderschrank hänge. Daran fand ich nichts Anstößiges. Asti schon! Denn ich hatte diese Weste beim Gassi-Gehen getragen. Und wegen der immer währenden kleinen Erziehungsmaßnahmen trug ich in den Taschen derselben einige Leckerli mit mir herum (Trockenfutter). Nun war Asti offenbar der Ansicht, dass man ein derart verdrecktes Kleidungsstück keinesfalls in den Schrank zu hängen hat. Sie schaffte es, die nur wenige Zentimeter offene Schiebetür ganz zu öffnen. Dann nahm sie die Weste vom Bügel, was bereits die ersten Löcher im Stoff und den Bruch des Kleiderbügels zur Folge hatte. Daran anschließend säuberte sie nach ihren Vorstellungen die Taschen von jeglichen Futterresten. Leider war da ein schlechtes Herankommen, sie musste Oberstoff samt Futter zerfetzen, um an den Tascheninhalt – die restlichen Krümel von ehemals wenigen Stückchen Trockenfutter – heranzukommen. Ergebnis: 3 Westen dieser Behandlung unterzogen, 2 konnten durch Omis Schneiderkünste wenigstens zum Gassi-Gehen wieder hergerichtet werden. Die dritte erlitt, wie so manche Socke vor ihr, ebenfalls wirtschaftlichen Totalschaden.

Nur am Rande erwähnenswert ist noch die Zerstörung des Innenfutters nebst Sohle von ein Paar Turnschuhen. Deren zweifellos natureller, aber nicht extremer Geruch hat Asti offenbar dazu veranlasst, den Dingen auf den Grund, besser gesagt die Schuhsohle zu gehen.
Manchmal habe ich mich gefragt, ob ich mir doch einen Welpen zugelegt habe, der nur etwas schneller gealtert ist?

Als letztes Hobby möchte ich das Einkaufen nennen. Ja, Sie lesen richtig. Asti geht gern zum Einkauf in die Stadt. Und da gibt es nur ein Geschäft, in das sie unbedingt hinein will. Kommen Sie drauf, was es sein könnte? Aber klar, ein Schuhgeschäft! Doch nun denken Sie ganz falsch. Asti möchte keine neuen Schuhe zum Zerbeißen. Sie möchte die Leckerli abholen, welche die nette Frau Seidel immer parat hat. Nur ein einziges Mal hat sie dort etwas bekommen, seitdem läuft sie zielgerichtet und schnurstracks auf Seidels Schuhhaus zu. Und ihre Mühe wird im Laden natürlich wieder belohnt. Aber vielleicht geht sie auch so gern dahin, weil dort die schönen Bücher verkauft werden, die Frauchen geschrieben hat, wer weiß.

Wenn ich es mir so recht überlege – Astis Hobbys haben doch irgendwie alle mit Fressen zu tun. Oder kommt es mir nur so vor?

Über Kahnfahrten und tiefere Gedanken

Wir haben ja bereits im Urlaub getestet, ob unsere Asti seefest ist. Diese Prüfung hatte sie mit vollem Erfolg bestanden, sozusagen mit Bienchen extra.

Nun ist ja hinreichend bekannt, dass das herrliche Muldental auch mit reichlich Wasser bedacht ist. Im Normalfall ist das ja auch sehr erfreulich und von schlimmen Wetterextremen möchte ich an dieser Stelle nicht schreiben.

Unsere Spaziergänge führen also regelmäßig an der Mulde entlang. Wenn man dann nicht langweilig die gleiche Strecke zurücklaufen will, muss man irgendwie die Mulde auch überqueren. Dafür hat man dankenswerter Weise Brücken errichtet. Ich hätte mit dem Schwimmen durch die Mulde auch so meine Probleme, glaube ich.

Begibt man sich nun aber beispielsweise in Richtung Höfgen, sieht es mit einer Brücke eher schlecht aus. Dafür aber, dem Fährmann sei Dank, kann man sich ja übersetzen lassen.

Nun ist aber der Fährkahn nicht unbedingt mit unserem großen Motorschiff zu vergleichen, mit dem wir auf dem Dobbertiner See herumgeschippert sind. Ob die Hunde nun die Fähre akzeptieren, die ja doch eine etwas schwankende Angelegenheit ist, war fraglich. Doch wie soll man auf eine Frage eine Antwort finden, wenn man es nicht ausprobiert?

Mein Mann war in dieser Hinsicht leider etwas skeptisch. Da ich aber überzeugt war, dass nicht wirklich etwas passieren kann, habe ich mich zur Testfahrt allein aufgemacht.

Ich nutzte einen der herrlichen Spätsommertage. Glück hatte ich insofern, dass ich zu diesem Zeitpunkt an der Fähre der einzige Gast war, der übersetzen wollte. Das beruhigte mich schon deswegen, weil ich kein Publikum brauchte für den Fall, dass es den Hunden doch nicht so gut gefällt, was ich mir da ausgedacht hatte. Denn meistens bekommt man dann ganz viele, ganz nette Kommentare, vor allem von Leuten, die noch nie einen Hund hatten.

Also dieses Risiko bestand schon mal nicht. Ein weiterer Grund zur Freude war der ausgesprochen nette Fährmann. Nicht nur, dass wir uns auf der Überfahrt sehr nett unterhalten haben (natürlich über Hunde, worüber sonst), er ging auch sofort, nachdem wir sicher und ohne jedes Problem seitens meiner Tiere wieder angelegt hatten, eine Schüssel Wasser holen. Da es doch trotz der fortgeschrittenen Jahreszeit noch einmal recht warm war, sollten die Hunde etwas zu Saufen bekommen. Ich fand das ganz ausgesprochen nett und entgegenkommend und in solchen Momenten bin ich richtig glücklich. Weil es doch zeigt, dass man mit ein wenig Verständnis, Toleranz und gegenseitiger Rücksichtnahme ganz einfach und umkompliziert miteinander umgehen kann, Mensch und Tier, Hundefreund und Nicht-Hunde-Halter.
Und was mindestens genauso wichtig war: Asti und Moritz hatten den Test bestanden, wir konnten mit der Fähre übersetzen. Es war ganz einfach so, dass die beiden zwar einen Moment wegen des schwankenden Untergrundes gezögert haben. Aber dann kam das einzig entscheidende: Wo unsere Rudelchefin hingeht, da gehen wir auch hin, das kann nicht falsch sein. Nach diesem sehr artgerechten „Denkprozess" sind sie mir beide voller Vertrauen gefolgt. Das sind die Momente, die mich für die täglichen kleinen Mühen um einen vernünftigen Umgang mit meinen Vierbeinern vielfach belohnen.
Wir sind noch in der Schiffmühle im Gartenlokal eingekehrt und haben dann den Heimweg auf der anderen Muldenseite angetreten, durch die schöne Muldenaue, über den Rabenstein und den Stadtwald. Solche Stunden sind unvergesslich und wenn ich heute darüber schreibe, sehe ich Asti und Moritz wieder im Kahn sitzen oder über die Wiesen springen.
Noch einmal habe ich diese schöne Wanderung an einem wunderbar warmen Herbsttag unternommen. Diesmal hatten wir sogar noch einen Wanderfreudigen getroffen, einen ehemaligen Schulfreund von mir. Wir hatten uns doch länger nicht gesehen und da gab es viel zu erzählen. Schon bald standen wir vor der Fähre. Nur diesmal leider nicht allein. Mehrere Erwachsene, zwei Kinder und

ein Fahrrad wollten die Muldenseite wechseln. Ich habe kurz überlegt, ob das gut geht. Aber dann war ich sicher: Wieso eigentlich nicht.
Und es war einfach toll. Asti und Moritz stiegen ohne Zögern in den Kahn, rückten auf engem Raum dicht zusammen. Ohne jede Aufregung, einfach so, als machten wir das täglich. Die Kinder konnten Asti streicheln, auch der eine oder andere Erwachsene konnte nicht widerstehen und musste über das glänzende Fell streichen.
Und da waren sie wieder, die lobenden Worte über die hübschen und braven Tiere. Ich gebe es rundheraus zu, dass ich in diesen Momenten ganz besonders stolz bin, sowohl auf die Tiere, aber auch ein bisschen auf mich und meine Arbeit mit ihnen. Auch wenn ich sicher hier und da Fehler in der Erziehung mache, auch wenn ich vieles etwas anders sehe, als Fachleute in Fachbüchern empfehlen. Und auch und vielleicht gerade, wenn die beiden nicht perfekt sind – ich bin es auch nicht! Das Wichtigste ist und bleibt in meinen Augen das Ergebnis: ein alltagstauglicher Hund. Meine beiden haben bewiesen, dass sie das sind, in vielen Situationen. Und Sie dürfen sich jetzt die Frage stellen und sie auch ganz allein beantworten: Obwohl sie auf Sofa und Bett schlafen dürfen oder vielleicht gerade deswegen?

Ich will mit meinen Geschichten auch zeigen, was man für schöne Stunden mit seinen Vierbeinern erleben kann. Es darf nicht nur der Gedanke an viel Arbeit und das Gebundensein im Vordergrund stehen, wenn man über die Haltung eines Vierbeiners, speziell eines Hundes, nachdenkt. Man bekommt dafür etwas, was man sich nirgendwo kaufen kann, mit keinem Reichtum der Welt. Diese Stunden, die einem ein Glücksgefühl geben, das man mit Worten einfach nicht beschreiben kann. Darum kann ich nur raten: Probieren Sie es aus, Sie werden es erleben und mir Recht geben!

Klar weiß ich, dass sich nicht jeder einen Hund halten kann. Aber wenn man wirklich will, kann man so anfangen wie ich damals im

Tierheim. Als Gassi-Gänger nämlich. Die Tierheime sind für solche Leute dankbar. Und Sie lernen einen Hund kennen, spüren, wie er mit der Zeit Vertrauen zu Ihnen aufbaut. Wenn Sie dann mit ihm durch Wald und Feld streifen, werden Sie es irgendwann auch entdecken: Das Glücksgefühl. Das resultiert zum einen aus der Beziehung zu dem Tier. Zum anderen aber aus der Gewissheit, etwas für ein anderes Lebewesen zu tun, zu helfen, sich einzubringen. Im Umgang mit dem Tier kann man sich öffnen, den Panzer, den man im Alltag oft braucht, kann man ablegen. Ein Hund wird Sie niemals in Ihrer Seele verletzen, er wird nicht hinterlistig sein, er wird Sie nicht belügen. So wie er Ihnen gegenübersteht und sich verhält, so meint er es auch. Er hat, wenn Sie ein halbwegs vernünftiger Mensch sind und das Tier kennen, Vertrauen zu Ihnen und Sie können es auch zu ihm haben. Das allein ist schon mehr, als mancher Mensch bieten kann.

Nein, ich möchte mich nicht als Hobby-Psychologe versuchen, falls das jemand denken sollte. Aber ich kann aus eigener Erfahrung sagen, wie viel Bereicherung die Tiere ins Leben bringen können. Sie können, davon bin ich überzeugt, sogar in einer schwierigen Zeit Hilfe sein, einen Wendepunkt zu finden. Klar ist es eine Einstellungssache, ob mir ein Tier in meiner Situation helfen kann. Ich muss es natürlich wollen und ich muss die Hilfe zulassen! Es veränderte mich und mein bisheriges Leben – aber ich möchte diese Veränderung nie mehr missen. Und ich weiß, jeder, der diese Erfahrungen gemacht hat, auch nicht.

Jagen – wonach eigentlich?

Solange es die Witterung nicht für Mensch und Hund unangenehm macht – große Hitze, heftiger Regen, extreme Kälte – widmen wir uns täglich ausgedehnten Spaziergängen. Ich bemühe mich dabei immer um Abwechslung, weil für den Hund nichts langweiliger ist, als täglich die gleichen Nachrichten zu lesen. Oder haben Sie etwa Spaß an der Zeitung von gestern? Also ich jedenfalls nicht, und ein Hund auch nicht. Darum immer schön die Richtung ändern und jede Runde bloß aller paar Tage gehen. Das funktioniert gut.
Am liebsten gehe ich mit den beiden in den Wald. Stadtwald oder Nimbschener Wald bieten sich dafür an. Vor allem an den Wochentagen ist man dort relativ ungestört und die Hunde können an der langen Leine flitzen. Bei menschlichem Gegenverkehr muss ich nämlich bei Asti immer etwas aufpassen: Findet sie denjenigen nett (und sie findet eigentlich jeden nett), kann es passieren, dass sie ihn mit ihren dicken Pfoten begrüßt – auf seinen Oberschenkeln. Man kann auch anspringen dazu sagen, obwohl Asti nicht springt, sie stellt sich nur auf. Ja, es ist eine Unart. Ich habe nicht versucht, ihr das abzugewöhnen. Ich hatte einfach Bedenken, dass sie damit ihre Freundlichkeit jedermann gegenüber verlieren könnte und vielleicht den Tadel im Augenblick der Begegnung mit anderen Menschen falsch verknüpfen könnte. Ich bin nur ein blutiger Laie in punkto Hundeerziehung und dieses war mir einfach zu schwierig. Also sehe ich mich vor und gebe Asti keine Gelegenheit, jemandem die Hose zu versauen. Und die wenigen Male, die sie am Anfang jemanden „begrüßt" hat, war zum Glück trockenes Wetter und es handelte sich um verständnisvolle Menschen, die auch Hundehalter waren.
Doch das wollte ich nur nebenbei erzählen. Eigentlich geht es mir um das Verhalten Astis und ihres Schattens Moritz im Wald.
Beide sind Jäger, soweit in Ordnung. Asti jagt mit der Nase auf dem Boden, Moritz mit der Nase in der Luft. Welche Methode die bessere ist, kann ich als Nicht-Nasen-Tier kaum beurteilen.

Aber so wirklich erfolgreich scheint mir dann doch beides nicht zu sein. Wir haben erlebt, das sich die beiden wie wild mit ihren gefundenen Gerüchen oder was auch immer beschäftigen. Dabei lassen sie gänzlich außer Acht, dass direkt vor ihnen, nur wenige Zentimeter von beiden Schnauzen entfernt, eine Maus des Weges läuft. Friedlich, nicht zu schnell. Sie blieb sogar noch kurz stehen – vermutlich konnte sie vor Lachen nicht mehr weiter! Reaktion der Hunde: nullkommagarnichts. Die Maus konnte ihren Weg völlig ungehindert fortsetzen und überlebte gänzlich unbeschadet. Nun könnte man ja sagen: Die Maus war so klein, die konnten die beiden ja gar nicht sehen. Im Zweifel immer für den Angeklagten, wie es so schön heißt. Aber wie ist das dann mit dem riesigen Feldhasen, der uns auf fast jedem Spaziergang an unserem „Wäldchen“ begegnet? Der ist ein Prachtexemplar seiner Art, allein die Ohren sieht man meterweit! Der Hase bleibt für uns immer extra stehen, schaut uns an und hoppelt dann in aller Ruhe davon. Auch hier konnte ich noch keine Reaktion der beiden Hunde verzeichnen. Nun könnte es ja noch an den Augen liegen, vielleicht sollte ich Asti ja nicht nur zum Fernsehen meine gute Brille ausborgen... Soviel zum ausgeprägten Jagdverhalten eines Beagles und eines Terriers!

Trotz dieses kleinen Blindfluges ist die Leine vor allem im Wald unerlässlich. Ich bin überzeugt, dass es den perfekten Hund, der sich immer unter Kontrolle hat, *nicht* gibt. Und ich finde es nicht fair, die Waldbewohner nur mal so durch die Bäume zu hetzen. Nichts anderes würden meine beiden tun, weil sie zu klein sind, um dem Wild wirklich gefährlich zu werden. Aber es muss ganz einfach nicht sein. Und das Rennen und Stöbern an einer 8-Meter-Leine ist genauso interessant und für alle Beteiligten besser. Vor allem erspart man sich den eventuellen Fall, dass ein sehr eifriger Jäger glaubt, einen streunenden bzw. jagenden herrenlosen Hund vor sich zu haben. Was das zur Folge hätte, brauche ich wohl nicht näher zu erklären. Die Presse wusste schon oft genug von derart schlimmen Geschehnissen zu berichten.

Aber *was* wir nun eigentlich jagen, vor allem, welchen Fährten Asti folgt, habe ich immer noch nicht erfahren. Aber es müssen endlos viele sein, das ist schon mal klar. Also dann: Allzeit gute Nase!

Asti geht an die Öffentlichkeit

Und zwar mit freundlicher Unterstützung der URANIA. Dank der Hilfe dieses Vereines bekam ich im November 2005 die Möglichkeit, im Rahmen eines Urania-Vortrages meine Bücher vorzustellen. Die Veranstaltung war so angelegt, dass es sich um eine nette Plauderei zum Thema „Seit ich die Menschen kenne, liebe ich Tiere!?" handelte. Ich war natürlich der Mittelpunkt des Gespräches rund um das Thema Hund allgemein und mein Buch im Besonderen. Bereits Tage zuvor war mir vor Aufregung ganz schlecht und ich hatte nur Angst, kein vernünftiges Wort hervorzubringen. Diese Hektik erwies sich als gänzlich unbegründet. Da es sich nun mal um mein Lieblingsthema handelt, konnte ich auch recht unbefangen darüber sprechen.
Besonders schön war auch die musikalische Umrahmung der Veranstaltung durch meine Tochter Bianka. Sie trug verschiedene Tierlieder vor, die wir zuvor gemeinsam geschrieben haben. Ich bin als Schreiberling für die Texte zuständig, Bianka mit ihrer musikalischen Begabung verleiht meinen Worten mit schönen Melodien Leben. Sie beherrscht ihr Handwerk sehr gut, so dass die Einlagen beim Publikum recht beliebt sind.
Aber was mindestens genauso wichtig war: Ich hatte ja meine persönlichen Helfer mit. Denn nicht nur alle Zweibeiner meiner Familie waren vollzählig mit anwesend, sondern auch Asti und Moritz. Im Vorfeld bereits groß in der Presse angekündigt, waren die beiden natürlich die Stars in diesen zwei Stunden. Asti begrüßte jeden ankommenden Gast auf das herzlichste. Moritz war von dem vielen Trubel leicht verunsichert, ließ sich aber nicht wirklich aus der Ruhe bringen. Schließlich war ich bei ihm, das war das Wichtigste für ihn. Allerdings hatte er von den vielen Begrüßungen bald die Hundeschnauze voll und legte sich unter meinen Stuhl zu einem Schläfchen. Von da an war ihm alles weitere völlig schnuppe. Asti nahm sehr interessiert an allem Anteil. Am meisten gefielen ihr die Kuchenteller der Gäste. Um dort jeglichen Konflikt und einen eventuellen Streit um den

Kuchen zu vermeiden, musste Asti leider an der Leine bleiben. Vor allem aber deshalb, weil sich unter den Gästen ein Kind mit großer Angst vor Hunden befand. Aus Rücksicht darauf durfte Asti nicht frei mit dem gesamten Publikum in Kontakt treten. Eine ausgeprägte Angst vor Hunden kann und darf man nicht mit einer „Schocktherapie" lindern wollen. Das erfordert Zeit und ganz viel Einfühlungsvermögen und einen sehr liebenswürdigen Hund. Letzteren hatten wir zwar mit, aber das war auch alles. Außerdem gelingt es nicht immer vollständig, die Ängste abzubauen. Das ist ganz einfach so, genau wie es nicht nur Hundefreunde unter den Menschen gibt.

Aber es war ein recht gelungener Nachmittag. Auch die zweite Veranstaltung in dieser Art war recht schön und hat allen Beteiligten Freude gemacht. Diesmal konnten sich Asti und Moritz frei unter dem Publikum bewegen. Asti begrüßte wieder jeden Neuankömmling persönlich. Die Gäste waren gern bereit, jede Menge Streicheleinheiten und auch manches Leckerli zu verteilen. Die beiden haben sich auch wirklich gut benommen, wenn man mal davon absieht, dass Asti immer mal auf die Tische schauen musste, damit ihr nicht manchmal was Fressbares entgeht. Besonders amüsant war, dass sich Asti zu Biankas Gesangseinlagen – natürlich nur mit tierischen Liedern – zu deren Füßen niedergelegt hatte, um dort sehr andächtig zu lauschen. Moritz hingegen hatte es vorgezogen, sich wie immer auf meinem Schoß einzurollen und ein Schläfchen zu machen. Dass er damit quasi auf der „Bühne" vor Publikum schlief, war ihm reichlich egal. Auch das hat, wie ich gemerkt habe, so manchen Zuhörer zum Schmunzeln gebracht. Moritz jedenfalls hat seinen Teil zum Diskussionspunkt „artgerechte Haltung" beigetragen. Er hat gezeigt, wie das in seinen Augen so auszusehen hat!

Es sind auch noch ein bis zwei solcher Urania-Veranstaltungen geplant, und inzwischen freue ich mich schon richtig darauf.

Da bisher jeder meiner Hunde sein eigenes Lied bekommen hat, gibt es natürlich auch eins für Asti. Und das geht so:

Meine Asti ist ein Beagle

Was hab´ ich mir nur angetan mit diesem einen Hund?
Sie raubt mir noch den letzten Nerv, das ist doch nicht gesund!
Doch andrerseits da liebt sie mich, wie´s kaum ein andrer tut –
Und das, da will ich ehrlich sein, das tut unheimlich gut.

Sie klaut was sie nur kriegen kann, ist gar nicht wählerisch.
Pass ich nicht auf, dann holt sie sich mein Essen glatt vom Tisch!
Ihr lieber Dickkopf ist, ich glaub´, geradewegs aus Holz.
Doch sagt man mir, wie schön sie ist, dann bin ich mächtig stolz.

Sie ist zwar schon ne reife Frau, doch immer noch sehr wild.
Und gehn wir Gassi, dann ist klar, dass nur das eine gilt:
Wo findet sie ne Hasenspur oder wenigstens ne Maus?
Für mich hat sie nicht einen Blick, lebt ihren Jagdtrieb aus.

Sie gräbt sich Löcher tief wie Seen, genau im Blumenbeet.
Und reißt sie aus – bis wir es sehn – da ist es längst zu spät!
Gehorsam ist für ihre Ohr´n ein völlig fremdes Wort.
Sie macht ganz einfach was sie will, und das an jedem Ort.

Meine Asti ist ein Beagle, und da wird wohl jedem klar,
seit ich sie hab da ist mein Leben einfach nicht mehr wie es war.
Sie ist nicht immer einfach, trotzdem liebe ich sie sehr!
Ich gebe meine Asti ganz bestimmt nie wieder her.

Damit ist Asti also in Wort, Bild und Melodie verewigt. Das können ja nun nicht alle Hunde von sich behaupten. Aber für mich ist eben jeder Hund etwas Besonderes. Und wenn ich Asti so ansehe, entspricht jedes Wort der Wahrheit, wenn auch mitunter ein Augenzwinkern dabei ist. Doch genau so wahr ist auch, das dieses dickköpfige, liebenswerte Tier mein Herz mit jedem Tag ein bisschen mehr erobert hat, ganz unmerklich. Und heute liebe ich sie einfach so, wie man seinen Hund eben nur lieben kann.

Polizei – Freund, Helfer und Hundeliebhaber

Wir hatten einen ausgedehnten Sonntagsspaziergang durch den Stadtwald unternommen und waren auf dem Heimweg entlang der Mulde. Plötzlich kam uns ein Polizeiauto entgegen. Das ist an sich ja noch nichts ungewöhnliches. Aber das Fahrzeug wurde immer langsamer und hielt direkt vor uns. Da geht man dann erst mal in Windeseile kurz sein Sündenregister durch. Da weder bei mir noch bei meinem Mann da groß was zu finden ist, blieben ja nur noch die Hunde. Kurzer Schreck, was haben wir falsch gemacht? Seit wann kontrolliert die Polizei die Hundehalter? Wird etwa ein Hund gesucht? Aber mit dem Streifenwagen – eher unwahrscheinlich. Wir hatten auch alles dabei, Steuermarken, Marke für die Tollwutimpfung, selbst die Hundetüten in der Tasche. All diese Gedanken in wenigen Sekunden. Denn dann sprach uns die freundliche Polizistin schon an. Wenn sie je dieses Buch lesen sollte, bitte ich höflichst zu entschuldigen, dass ich keinen Dienstgrad nennen kann. Davon habe ich erstens keine blasse Ahnung und zweitens hätte ich auch nicht darauf geachtet.

Es ging um Asti. Und nicht wirklich um sie, sondern um die Rasse Beagle allgemein. Die junge Frau trug sich mit der Absicht, sich ebenfalls einen Beagle zuzulegen. Doch Freunde und Kollegen hatten ihr schon abgeraten, weil diese Tiere zu anspruchsvoll und zu anstrengend wären. Nun wollte sie von mir, die ich ja offensichtlich über praktische Erfahrungen verfügte, Näheres wissen. Da kam ich ja nun in eine echte Zwickmühle! Wenn ich ihr auch abrate, würde das ja heißen, ich bin mit meinem Hund nicht zufrieden! Aber so uneingeschränkt empfehlen kann ich die Rasse auch nicht, denn die Hinweise der Kollegen waren nicht ganz unbegründet. Und so habe ich ihr ganz einfach über unseren Alltag erzählt. Ich habe nicht verschwiegen, wie schwer die Spaziergänge auch heute noch sind, wenn Asti in ihrem Jagdeifer so gar nicht zu bremsen ist. Auch dass der Beagle ein Laufhund ist, muss man sich immer wieder bewusst machen. Also nichts mit einer Runde um den Block und damit ist der Hund zufrieden. Der Beagle will laufen, und das wortwörtlich. Das wiederum erfordert Zeit, Ausdauer und bei dem Halter auch einen gewissen Hang zur Bewegungsfreudigkeit. Man muss nicht gerade sportlich sein, aber mindestens 2 Stunden flotten Spaziergang am Stück muss man ohne Ermüdungserscheinungen wegstecken können.

Ich habe auch nicht verschwiegen, dass man nicht unbedingt einen perfekt gepflegten Ziergarten sein eigen nennen sollte, und wenn doch, müsste er schon gut eingezäunt und mit „Beagle betreten verboten“ versehen werden.
Aber natürlich habe ich auch gesagt, dass man bei einem Welpen, den man übernimmt, mit guter Erziehung sicher noch viel mehr erreichen kann. Und dass sicher auch Unterschiede von Tier zu Tier bestehen. Aber Jagdhunde bleiben sie trotzdem alle, auch wenn diese Eigenschaft vielleicht unterschiedlich stark ausgeprägt ist.
Und selbstverständlich habe ich auch erzählt, dass der Beagle trotz allem ein äußerst liebenswerter Hund ist. Aber eben nicht so unkompliziert, wie es auf den ersten Blick aussieht.
Es war eine sehr nette Unterhaltung, die wir da so mitten auf der Straße mit einer Polizistin in einem Streifenwagen geführt haben. Viele erstaunte Blicke der Sonntagsspaziergänger waren uns sicher, die offenbar angestrengt darüber nachgrübelten, was wir wohl ausgefressen haben.
Ein bisschen schade finde ich, dass ich nun leider nie erfahren werde, ob sich die junge Frau für den Beagle entschieden hat oder nicht. Vielleicht hat sie sich ja sogar mal im Tierheim umgeschaut, bevor sie sich festgelegt hat. Ich würde es mir wünschen, für unsere Tiere.

Asti im Bilde

Diese Worte haben zweierlei Bedeutung. Zum einen beziehen sie sich auf einen Spaß. Den wir uns mit Asti erlaubt haben. Sie lag wieder einmal zufrieden und faul in meinem Fernsehsessel und verfolgte offenbar gespannt die Nachrichten. Um ihr den möglichst besten Durchblick zu verschaffen, haben wir ihr meine Brille aufgesetzt. Und dieses Foto ist ein Beweis für die nahezu unerschütterliche Ruhe und Gelassenheit unserer Asti. Auch wenn sie sicher an der verstandesmäßigen Zurechnungsfähigkeit und damit an meiner Eignung als Rudelführer stark gezweifelt hat, hat sie doch würdevoll ertragen, was wir da mit ihr angestellt haben. Und ehe ich mir böse Kritik anhören muss: Asti trug die Brille nur wenige Sekunden, gerade so lange, wie für das Foto nötig war. Dann haben wir sie ihr natürlich wieder abgenommen, schon allein deshalb, weil das gute Stück sehr teuer war und ich ohne diese Sehhilfe ganz schön im Dunkeln stehe.

Aber Asti kam noch in anderer Weise ins Bild. Ich habe von meinen Tieren in der Vergangenheit jeweils ein Mal Fotos vom Fotografen machen lassen. Ganz einfach deshalb, weil die eben doch schöner und qualitativ besser sind als die selber geschossenen Bilder. Nun war es aber so, dass es von meinem letzten Hundepärchen, nämlich Moritz und Sissi, kein solches Foto gibt. Aus einem ganz einfachen Grund. Ich habe mir immer gesagt: Das musst du mal noch machen. Wie das so ist, kennt bestimmt jeder Leser in ähnlichen Situationen. Ja, und dann war es einfach zu spät. Ich hatte die Zeit verpasst, unwiderruflich, unwiederbringlich – Sissi war tot. Sicher ist es nicht das Wesentlichste, worum man sich Gedanken machen sollte. Aber ich habe es echt bereut, in den vier Jahren, die beide Hunde miteinander gelebt haben, mir nicht diese halbe Stunde für den Fotografen genommen zu haben. Für mich sind die Bilder von unseren Tieren ganz wichtige Erinnerungen, auch über deren Tod hinaus. Sie alle sind mit uns zusammen, an den Wänden im Wohnzimmer, und das finde ich immer wieder sehr beruhigend.
Im Fernsehen wurde mal ein Beitrag gezeigt, wo sich Tierhalter ihre Lieblinge (Hund wie Katze) präparieren, also ausstopfen ließen und diese dann in der Wohnung aufstellten. Ich sage ehrlich, dass ich da Gänsehaut bekommen habe, allein bei dem Gedanken, so etwas zu tun. Gewiss hat jeder andere Vorstellungen. Aber für mich – und ich habe alle meine bisherigen Tiere unendlich geliebt – käme so was nie in Frage. Dieses leblose, seelenlose Fell, was aussieht wie mein Liebling, aber nicht mein Liebling ist – es schaudert mich. Also ich bleibe bei meinen Fotos.

Für Sissi habe ich da einen guten Weg gefunden. In unserer Region ist eine junge Frau als Tier- und Porträtzeichnerin tätig. Frau Lysann Heider aus Schönbach zeichnet nach einem halbwegs guten Foto ein Bild von dem jeweiligen Tier. Und sie hat meine Sissi so wundervoll gezeichnet, dass dieses Bild lebensechter wirkt als eine Fotografie. Diese Zeichnung wurde für mein zweites Buch als Titelbild ausgewählt, auch deshalb, damit meine verehrten Leser sehen können, dass es solch eine wunderbare Möglichkeit gibt. Auch in diesem Buch finden sie eine Zeichnung der Künstlerin – urteilen Sie bitte selbst!

Doch um das Thema wieder aufzugreifen: Mit Asti und Moritz ging ich im Dezember 2005 zu einem Grimmaer Fotografenehepaar, um beide ins rechte Licht zu rücken. Dieses Unternehmen erwies sich als nicht so leicht, wie ich gedacht hatte. Zwar ist Asti ein sehr lieber Hund, der weder mit fremden Menschen noch mit fremder Umgebung ein Problem hat. Aber ich hatte nicht bedacht, dass Asti auch ein ausgesprochen neugieriger Hund ist und nur bedingt gehorsam. Trotz meiner ganz vielen Leckerli, die Asti zwischendurch auch noch dankend entgegennahm, hatte sie bald genug von hinsetzen und hingucken. Sie wollte das Atelier untersuchen und fand auch sofort die passenden Schlupflöcher. Es waren neben mir als Vorturner und Faxenclown noch zwei junge Damen erforderlich, um Asti an ihren Erkundungen zu hindern. Moritz schaute dem Treiben etwas verunsichert zu, aber er hält sich eben in unklaren Situationen erst mal an mich, was ja schon sehr vorteilhaft ist. Ihm brauchte man also nicht auch noch hinterherzulaufen.
Nachdem ich in wenigen Minuten völlig schweißgebadet war, sich aber trotzdem einige nette Fotos im Kasten bzw. auf dem Mikrochip befanden, haben wir beschlossen aufzuhören. Es hat sich dennoch gelohnt, es sind wunderbare Aufnahmen von beiden Tieren geworden und ich bin sehr glücklich darüber. Vor allem Moritz hat sich in seiner vollen Schönheit in Szene gesetzt. Ob das etwas mit einer gewissen männlichen Eitelkeit zu tun haben könnte?
Asti dagegen wurde am Anfang mal ganz gut getroffen, aber dann sah man ihr schon an, dass ihr das Geknipse auf den Geist geht. Sie weiß schließlich, dass sie hübsch ist, alle anderen sehen es auch – wozu dann das alles? Ich konnte ihr leider nicht einleuchtend begreiflich machen, dass es ein spezieller Wunsch von mir ist, den zu erfüllen ich herzlichst bitte. Mit ihrer altbewährten

Methode „Ich nix versteh´n“ war sie wie immer fein raus. Wenn da dann bloß nicht noch dieses kleine hämische Grinsen um ihre Schnauze herum wäre... Aber vielleicht bilde ich mir das ja auch nur ein.
Jedenfalls kann man der Fotografin nur für ihre Geduld und Ruhe dankbar sein. Aber ist eigentlich auch nicht verwunderlich: Sie ist selbst Hundehalterin!

Asti hat´s im Kreuz

Noch während ich an diesem Buch arbeite, in den Erinnerungen der letzten 11/2 Jahre grase und davon berichte, dass meine Asti topfit durch die Gegend rennt, ist diese Behauptung nicht mehr ganz richtig.
Von einem Tag zum anderen ändert Asti ihr Verhalten. Und zwar so gründlich und auffällig, dass es sogar jemand merken würde, der sie nicht so gut kennt wie ich.
Alles fing damit an, dass mein Hund geduldig und gehorsam war. Dieses Verhalten ist für Asti so sensationell, dass ich sofort geschlussfolgert habe: Hier ist was faul. Das sah zum Beispiel so aus, dass sich Asti, wenn wir Gassi gehen wollten, brav hinsetzte, sich das Halsband anlegen ließ, wartete, bis ich durch die Tür gegangen bin(!) um mir dann in angemessenem Tempo zu folgen. Nichts da mit dem Wettlauf um den Sieg am Gartentor oder die wilde Jagd mit Moritz rund ums Haus. Auch die vier Stufen bis zu unserer Wohnung wurden eher vorsichtig erklommen und nicht mehr mit zwei Sätzen bewältigt.
Noch gravierender war, dass sie am nächsten Morgen nicht an unserer Schlafzimmertür gekratzt hat, so wie allmorgendlich seit 16 Monaten. Und es ist immer Asti, die kratzen muss, weil Moritz das nicht kann. Er hat, sicher rassebedingt, so kurze Krallen, dass die niemals den Ballen überragen und er somit immer auf absolut lautlosen Sohlen geht.
Wie also nach dem Weckerklingeln das vertraute Geräusch ausblieb, war ich doch mit einem so schnellen Sprung aus dem Bett, wie schon seit Jahren nicht mehr. Asti freute sich, mich zu sehen, stand langsam auf und kam mir entgegen, langsam und bedächtig. Das sind alles Eigenschaften, die absolut nicht zu meinem Hund gehören. Und dann kam es: Asti wollte natürlich auch zur Morgenkuschelrunde ins Bett – aber sie konnte nicht. Sie konnte nicht mehr hochspringen. Nun habe ich nicht gerade ein Hochbett, das schwer zu erklimmen ist. Es war dasselbe Bett, auf dem sie seit

vielen Monaten tagtäglich schläft oder döst oder die Puppe Emely bewacht.
Ich kann gar nicht sagen, wie viele Alarmglocken da in meinem Kopf geläutet haben, ich will ja nicht als hysterisch gelten. Aber es war genau diese Veränderung, dieses Unvermögen zu springen, was mir auch bei unserer Sissi zuerst aufgefallen war. Und ob man es will oder nicht, da setzt im Kopf das Räderwerk ein und es gaukelt einem genau die Bilder vor, die man doch besser gar nicht und nie mehr sehen will.
Also ab zum Doktor. Der kennt uns ja nun schon eine Weile und ich denke, er weiß, dass ich mir ehrliche Sorgen um meine Vierbeiner mache und nicht zur Übertreibung neige. Und wenn, dann höchstens ein ganz kleines bisschen.
Asti wurde gründlich untersucht, eine Erkrankung im Bauchraum konnte ausgeschlossen werden. Da fallen doch schon mal Zentnerlasten an Steinen vom Herzen.
Ansonsten warten wir ab, ob sich der Zustand wieder bessert, wenn nicht, gehen wir der Ursache weiter auf den Grund. Im Moment sieht es so aus, als wäre die Tendenz zur Besserung da. Aber der gewohnte Sprung auf Bett oder Sofa oder Sessel ist nach wie vor nicht drin. Sie zeigt zwar keine Schmerzen mehr, aber sie vermeidet auch noch immer diese Art der Bewegung. Ansonsten ist sie in ihrer Beweglichkeit kein bisschen eingeschränkt, sie läuft ganz normal, kann rennen und wie üblich an der Leine zerren.

Doch diese „Unpässlichkeit“ brachte auch etwas Gutes zu Tage. Asti wusste sich zu helfen. So sehr sie sonst ihre Eigenständigkeit auslebt, so sehr fixiert sie sich jetzt auf mich. Offenbar erwartet sie von mir als Rudelführer die Lösung des Problems. Gut, daran arbeite ich ja schon. Aber sie erwartet auch Hilfe. Wenn sie wieder einmal in ihre Sofaecke möchte, den Versuch aber abgebrochen hat, dann kommt sie zu mir. Sie setzt sich vor mich hin und schaut mich ohne Unterbrechung an. Irgendwann reagiere ich darauf und frage: „Soll ich Dir helfen?“ Darauf kommt ein wildes Schwanzklopfen von ihr (sie sitzt ja, daher klopft der Schwanz heftig auf

den Boden). Und dann hebe ich sie natürlich auf den gewünschten Platz. Morgens ins Bett, abends aufs Sofa. Nach einer solchen Hilfsaktion passiert das: Ich setze Asti auf das Sofa und sie gibt mir sofort Pfötchen. Einfach so, ohne Aufforderung, ohne zu erwartende Belohnung. Und ich bin nicht verrückt, ich habe dafür einen glaubwürdigen Zeugen, mein Mann saß unmittelbar daneben und hat alles gesehen. Natürlich ist das der reine Zufall gewesen und sie handelt ja sowieso nur instinktiv, ich weiß! Aber schön war es doch, dieses „Dankeschön"...
Als erste Hilfe habe ich ihr in allen Zimmern einen ebenerdigen Ruheplatz eingerichtet, entweder eine Decke oder das Reservekörbchen. Diese Möglichkeiten hat Asti sofort dankend angenommen. Denn noch etwas ist jetzt anders. Sie folgt mir sehr oft und möchte sich dort aufhalten, wo ich auch bin. Das war bisher nur manchmal so, jetzt ist sie ausgesprochen anhänglich. Selbst ins Bad folgt sie mir, wenn ich ihr nicht die Tür vor der Nase zumache. Und wenn sie dann doch mal in ihre alte Kuschelecke wollte, kam wieder die oben beschriebene Bitte um meine Hilfe.
Wir werden sehen, wie sich ihr Befinden weiterhin entwickelt. Ich bin überzeugt, dass Asti nicht ernsthaft krank ist, bleibe aber natürlich an der Sache dran. Und ich bin sicher, dass alles gut endet, schon allein deshalb, weil doch der Grundsatz für dieses Buch lautet: Keine traurigen Geschichten! Also bitte.

Im Zusammenhang mit den Tierarztbesuchen mit Asti wartete gleich mal eine neue Belastungsprobe auf meinen Moritz. Eigentlich nehme ich ihn ja immer mit, weil es für ihn viel leichter ist, wenn wir gemeinsam beim Doktor sind. Er regt sich ja dank Asti über den Tierarztbesuch nicht mehr auf, sitzt ruhig und friedlich im Wartezimmer und auch im Sprechzimmer ganz brav in seiner Ecke. Ich brauche mich dann um ihn überhaupt nicht zu kümmern. Kann ich ja auch nicht, ich muss ja Asti behandeln lassen.
Aber eben weil er sich so vorteilhaft verändert hat, wollte ich es ausprobieren. Ich fuhr mit Asti zum Arzt und ließ Moritz alleine

zu Hause. Ich war mir sehr sicher, dass das nun klappt, dass er sich nicht mehr aufregen wird.
Das war dann doch ein etwas größerer Irrtum. Moritz hat, so wie das Auto den Hof verlassen hatte, ein anhaltendes Bellen angestimmt. Er hat sich wie in alten Zeiten hochgradig aufgeregt.

Nun gibt es ja heutzutage für alle kleinen und größeren Probleme, die einen im Leben ereilen können, eine passende Fernsehsendung. Als vielseitig interessierter Mensch schaut man sich das eine oder andere auch an, weil es ja sein kann, dass man dabei etwas lernt. Jedenfalls hat da einmal eine „Tier-Nanny" (allein das Wort ist gewöhnungsbedürftig) auch so einen armen verlassenen Hund heimlich beobachtet, was er denn so treibt, ohne sein Rudel. Und es wurde ungehöriges Benehmen festgestellt: Er hatte – angeblich – keine Angst, er wollte nur sein Rudel wiederhaben! Darum bellte er und randalierte etwas in der Wohnung herum, um so seinen Willen durchzusetzen. Das bekam er dann fix mit einem Sprayhalsband ausgetrieben. Soweit so gut oder eher nicht. Denn wenn man mal die Lebensweise des Rudeltieres Hund betrachtet, ist es doch nur zu verständlich, dass die plötzliche Einsamkeit das Tier sehr verunsichert. In der Natur ist das Überleben nun mal nur mit dem Rudel gewährleistet. Da kann Hund schon mal Panik kriegen, wenn er allein ist. Denn: Da er ja nicht komplex denken kann, ist es ihm nicht so einfach klar zu machen, dass das Rudel ja nur mal kurz geht und dann bald wieder da ist, um für sein „Überleben" zu sorgen.
Und bei Moritz ist das wenige Denken, das vielleicht möglich sein kann, auch nicht allzu stark ausgeprägt. Also gerät er ganz zwangsläufig in Panik, wenn er meint, völlig verlassen zu sein. Und Moritz hatte richtig Angst, das sah man auch ohne Tier-Nannys Hilfe!
Meine Mutti, die ja im Haus wohnt, hatte Erbarmen und hat ihn mit zu sich genommen. Das war zwar immer noch ein bisschen aufregend, aber nur noch ganz wenig.

Fazit: Moritz wird niemals ohne einen Artgenossen alleine bleiben. Der Hund, der tagein, tagaus, seit Jahren völlig problemlos alleine bleibt in Gesellschaft eines weiteren Hundes, der rastet aus, wenn er von seinem Artgenossen verlassen wird. Das ist nicht gerade die Erkenntnis, die ich mir erhofft habe. Aber andererseits weiß ich nun ganz genau, woran ich mit ihm bin.

Und noch bevor es mir jemand erklären will: Ich weiß, dass meine Mutti falsch gehandelt hat. Sie hat unerwünschtes Verhalten durch ihr Kommen und Mitnehmen des Hundes belohnt und somit bestärkt. Aber die Mutti weiß es nicht, und das ist auch gut so. Sie hat nach ihrem Gefühl gehandelt und dem Hund seine Aufregung genommen und ihm damit geholfen. Und das ist das einzige, was zählt. Wenn ich es so recht bedenke, ist das auch ein wunderschönes Beispiel für den Gegensatz von Theorie und Praxis, eben auch im Alltag mit dem Hund.

Asti – eine Schauspielerin?

Wie ich bereits erzählte, hatte Asti ein kleines gesundheitliches Problem, sie hatte es irgendwie im Kreuz. Das ging eine Weile so, wurde dann aber schrittweise besser und nun ist alles wieder in Ordnung. Wenigstens nach meiner Beurteilung.

Und genau diese Einschätzung, wie krank denn der Hund nun wirklich ist, bereitete mir größere Schwierigkeiten.

Eigentlich konnte sie ja überhaupt nicht hochspringen. Mit gutem Willen vielleicht hochsteigen, eher kraxeln. Was aber, wenn auf dem Sofa ein Leckerli wartete? Welch Wunder, Asti konnte in einem galanten Sprung die Köstlichkeit erreichen!

Ich konnte es nicht glauben. Nur Minuten später saß sie wieder bettelnd vor mir, damit ich sie auf die auserwählte Liegestatt hinaufhieve.

O, ich habe es versucht! Ich habe sie ignoriert, lange, noch länger. Nichts, sie konnte nicht hoch, also legte sie sich auf den Boden. Egal wo, aber immer zu ebener Erde. Wenn man dann ihren endlos traurigen Blick auffängt, kommt einem das schlechte Gewissen so schlagartig an, dass man förmlich um Vergebung bitten möchte. Wen? Den Hund natürlich! Wie kann man nur glauben, er würde einem etwas vormachen. Das hätte ja wieder was mit, nun sagen wir, einer gewissen überlegten Handlungsweise zu tun. Und das kann ein Hund ja nun mal nicht. Oder vielleicht doch?

Ich gestehe ehrlich ein, dass ich meine ernsthaften Zweifel hatte, inwieweit Astis Beschwerden echt sind. Am Anfang hatte sie wirklich Schmerzen, da bin ich sicher. Aber nachdem ihr so viel Extraaufmerksamkeit zuteil wurde über eine längere Zeit, ich immer reagiert habe, wenn sie vermeintlich meine Hilfe brauchte, da kam es mir dann doch so vor, als würde sie mich herausfordern. Und nur ihre Fressgier war noch stärker als der vielleicht noch leicht vorhandene Schmerz. Denn dann vergaß sie alles und sprang so gekonnt wie immer dem Fressen hinterher. Was auch immer es war, es ist wieder in Ordnung und Asti ist wieder voll in Form.

Asti und Moritz – ein Traumpaar?

Das ist so eine Frage, die ich auch nicht so eindeutig beantworten kann. Die beiden leben miteinander oder doch besser gesagt nebeneinander. Es ist nichts Auffälliges, was die zwei verbindet. Also sie liegen jetzt nicht ständig eng aneinander gekuschelt im Körbchen oder so. Sie spielen eben auch nicht zusammen. Moritz will ja gern, er fordert Asti auch immer mal wieder auf – aber Asti bleibt stur. Spielen ist kräftezehrende Zeitverschwendung, das tut sie nun mal nicht. Denn die Kraft fehlt ihr ja vielleicht für die nächste Jagd oder die kommende verbotene Futterbeschaffung.
Allerdings streiten sie sich auch kaum. Außer den gewissen lautstarken Erklärungen an den Fressnäpfen, wenn Asti mal wieder die Grenzen zu Moritz` Futter überschreitet. Das sehe ich dann als berechtigt an, ich lasse mir ja von meinem mit mir lebenden Gefährten auch nicht die Wurst vom Brot klauen.
Einig sind sie sich immer, wenn es um die Verteidigung von Haus und Besitz gegen jegliche Art von vermeintlichen Feinden geht. Da sind sie ein echtes Team, bereit, jeden noch so starken Feind zu vertreiben – solange er vor dem Gartenzaun ist. Kommt er dann erst mal rein, ist ja die schlimmste Gefahr sowieso vorbei.
Lebhaft geht es zu, wenn ich nach Hause komme und beide ihre große Freude darüber loswerden wollen. Ich begrüße meine Tiere freundlich, wenn ich sie wiedersehe und sie machen das genauso. Ich finde das völlig normal, dass die Hunde nach der Zeit des Wartens auf das Frauchen dann erst mal ein bisschen aus dem Häuschen sind. Und ganz ehrlich, ich freue mich nach einem anstrengenden Arbeitstag auch ganz besonders, wenn die acht Pfoten um mich herumwuseln und sich glatt überschlagen vor Aufregung. Denn für mich ist es genau das, worauf ich mich freue, während ich nicht zu Hause sein kann.
Bei Moritz bemerke ich manchmal ein klein wenig Eifersucht, wenn ich mich mit Asti beschäftige. Er weiß sich dann immer gekonnt in den Vordergrund zu spielen und auf sich aufmerksam

zu machen. Das scheint mir aber doch sehr typisch dafür zu sein, dass er halt ein Mann ist!
Wenn wir unterwegs sind, haben beide auch gänzlich unterschiedliche Bedürfnisse. Während Asti immer auf ihrer Spur vorauseilt und nur das Ende der 8-Meter-Leine ihrem Tatendrang ein Ende setzt, hält es Moritz mit dem Erkunden der Nachrichten seiner Artgenossen. Und das will gelesen sein! Er steht dann selbstvergessen an einem Baum und liest, liest, liest. Da ich inzwischen weiter gelaufen bin, ist auch seine 8-Meter-Leine irgendwann am Ende. So steht ein Hund vor und einer hinter mir, ich dazwischen mit ausgebreiteten Armen in der roten Jacke, dem Ampelmann zum Verwechseln ähnlich!

Begegnen uns Artgenossen, sind die beiden selten einer Meinung, zum Glück!
Asti ist ja eher uninteressiert, Moritz bekundet mal mehr und mal weniger lautstark sein Interesse. Nur ganz selten reagiert Asti mal mit einem Bellen, aber auch nur, wenn der Hund, dem wir begegnen, schon längst Rabatz gemacht hat. Das sehe ich dann auch als eher berechtigt an, denn schließlich muss man sich nicht alles sagen lassen. Moritz macht allerdings auf der Straße auch ganz klar Besitzansprüche geltend, wenn sich mal ein fremder Rüde zu offensichtlich für Asti erwärmt. Da wird der kleine Terrier dann schon mal richtig laut. Wobei ich mich ja keinesfalls wiederholen möchte, aber auch das scheinen mir doch sehr typische männliche Züge zu sein...
Und wenn wir dann als Rudel uns gemeinsam vor dem Fernseher zur Ruhe begeben, liegen wir alle gemütlich aneinandergekuschelt, einer wärmt den anderen (ist besonders bei 30 Grad im Schatten sehr empfehlenswert!). Jeder hört den Herzschlag des anderen und das gibt Ruhe und Sicherheit. Die Vierbeiner schlafen dann tief und friedlich, die Zweibeiner erfreuen sich an diesem wundervollen Anblick – zumindest solange sie nicht selber mitschlafen.
Kurz und gut, die beiden gehören einfach zusammen. Und dass sie das auch so sehen, durfte ich unlängst erleben.

Lysann Heider

Ich hatte doch bei einem Tierarztbesuch mit Asti den wenig erfolgreichen Trennungstest mit Moritz gemacht. Dabei war ich gar nicht auf die Idee gekommen, dass das ja auch eine Premiere für Asti ist. Nach weit über einem Jahr das erste Mal ohne Moritz!
Wie es dem Daheimgebliebenen ergangen war, habe ich ja schon erzählt. Asti dagegen merkte man soweit nichts an. Sie absolvierte ihren Tierarztbesuch mit der ihr eigenen völligen Gelassenheit. Dann ging es wieder ins Auto und nach Hause. Aber je näher wir

unserem Haus kamen, desto unruhiger wurde sie. Wohlgemerkt, Unruhe und Aufregung sind eigentlich Fremdworte in Astis Duden. Zu Hause angekommen, öffne ich die Autotür, um den kranken Hund herauszuheben (deshalb waren wir schließlich gerade beim Arzt gewesen!). Aber ich kam nicht mehr dazu. Asti springt aus dem Auto, rennt zur Haustür, winselt, kratzt wie wild an der Tür, weil ich noch immer nicht aufgeschlossen habe. Endlich drin, hinein in die Wohnung – winseln, fiepen – Moritz nicht da! Den musste ich ja erst bei meiner Mutti wieder abholen. Ich also schnell ein Stockwerk hoch. Moritz sieht mich, rennt an mir vorbei (ohne Begrüßung, wie unhöflich) die Treppe hinunter. Kann auch nicht gleich in die Wohnung, weil Tür zu und Frauchen so langsam auf der Treppe. Endlich, Wohnungstür geht auf – und die Begrüßung der beiden Hunde untereinander ist kaum zu beschreiben. Es war ein Freudentanz und ein Schmusen und am Ohr knabbern und ein bisschen abschlecken – einfach herrlich. Und seit diesem Moment weiß ich es ganz genau: Die beiden haben auch einen Bund fürs Leben geschlossen, wenn man es auch erst auf den zweiten Blick sieht. Für beide gab es in dieser einen Stunde (ich betone nochmals eine *Stunde*, nicht Tage oder Wochen!) der Trennung nur noch ein Ziel, den Artgenossen wieder zu bekommen. Das war ein wunderbarer Moment auch für mich und ich bin einmal mehr davon überzeugt, dass unsere Mensch-Hund-Rudel-Beziehung doch ganz in Ordnung ist.

Schnee und kein Ende

Der Winter 2005/2006 wird wohl zu den Wintern gehören, über die man noch in ein paar Jahren reden wird. So nach dem Motto: „Weißt du noch, damals, der strenge Winter und der viele Schnee!“ Und wie es mitunter mit der Erinnerung so ist, sie verändert die tatsächlichen Begebenheiten vielleicht ein klein wenig, aber sicher nur unwesentlich. Fest steht auf jeden Fall: Wir hatten Schnee, mehr als viele andere Jahre zuvor.

An diese Form des Bodenbelages mussten sich meine beiden Vierbeiner erst mal gewöhnen. Hierbei liegt die Betonung auf „vier“. Denn wir Menschen rutschen wenigstens nur mit unseren zwei Beinen bzw. Füßen aus. Die Hunde haben diese Chance gleich viermal! Und sie können heftig ausrutschen, das habe ich ziemlich oft mit angesehen. Ich vermute sogar, dass sich Asti ihre Rückenschmerzen auf so eine Art zugezogen hat.
Aber nachdem die beiden anfangs ein wenig skeptisch an die weiße Pracht herangegangen sind, haben sie bald entdeckt, wie herrlich es sich darin herumtoben lässt. Und so haben wir jede Gelegenheit genutzt, durch den reichlich frisch gefallenen Schnee zu wandern. Asti muss sich immer die tiefsten Stellen (natürlich liegt der Schnee hoch, aber man sagt ja nun mal im „tiefen“ Schnee!) aussuchen, so dass der ganze Hund bis zum Bauch versinkt. Dann rennt sie wie ein Schneepflug los und zieht ihre Bahn. Leider ist es mir nicht gelungen, sie auf dem heimischen Grundstück entsprechend hilfreich beim doch recht häufig erforderlichen Schneeschieben einzusetzen. Dort zog sie es dann vor, schnellstens wieder in der warmen Stube auf ihrer Kuscheldecke zu verschwinden! Ich will damit sagen, sie hat mich draußen mit dem Schnee und der Schaufel stehen lassen und ist mit ihrem Moritz im Haus verschwunden!
Aber das eigene Grundstück ist ja schließlich auch langweilig. So richtig Spaß macht da erst die Wanderung in den Wald. Da laufen

sie beide zur Hochform auf. Springen, kugeln und rennen im Schnee – ein Riesenspaß.
An einem solchen Wintermorgen hatte ich noch ein schönes Erlebnis. Wir hatten uns auf den Weg in Richtung Hohnstädt gemacht. Von dort aus durch den Seumepark und entlang der Mulde zurück nach Grimma, das ist eine meiner liebsten Wanderungen. Im Seumepark bemerkte ich drei Rehe. Sie kreuzten kurz vor uns den Weg, um auf dem Hang der anderen Seite stehen zu bleiben und uns drei sehr interessiert zu betrachten. In nur ca. 10 Meter Entfernung standen die Tiere da und schauten uns an. Ich weiß leider nicht genau, wie gut Rehe sehen können, aber zumindest haben sie gute Nasen und Ohren – also sie mussten uns einfach bemerkt haben! Doch was das eigentlich Verwunderliche dabei war: Ich war ja mit zwei Jagdhunden unterwegs. Klar an der Leine, was sonst. Aber meine beiden Jäger standen neben mir und schauten ebenfalls die Rehe an! Kein einziges Bellen, kein Leinenzerren, keine Aufregung – wir stehen da und schauen Rehe an! Das klingt schon seltsam, ich weiß. Ich habe es ja auch nicht wirklich verstanden. Irgendwann sind wir weitergelaufen und damit setzten auch die Rehe ihren Weg fort, langsam und gemächlich. Also dieses Wild hat durch unsere Anwesenheit jedenfalls keinen Schaden genommen, es hat sich ja nicht einmal beunruhigen lassen.
Was bei mir aber nochmals die Frage aufwirft: Wonach jagen meine Jagdhunde nun eigentlich? Oder haben sie sich nur gerade ganz vorbildlich benommen? Na, das auf jeden Fall. Riesenlob und extra Leckerli für die zwei und für Frauchen wieder mal einer der tollen Momente unbeschreiblichen Hundeglücks.

Was lange währt …

Ich umschreibe meine Asti ja immer vorsichtig. Sie ist also, entgegen den Beschreibungen ihrer Rasse, nicht so ausgesprochen klug, nicht so sehr lernfreudig und in Sachen Lernen eben auch ein wenig stur. Was natürlich auch alles am Lehrer liegen kann! Jedenfalls habe ich mich nach fast 2 Jahren Zusammenleben mit diesem Hund damit abgefunden, dass ich ihr nichts mehr beibringen kann. Ist ja auch nicht so sehr schlimm, schließlich kommen wir miteinander ganz gut klar. Aber so ein bisschen mal was anderes tun, als nur mit der Nase irgendeiner Fährte nachrennen – es reizte mich schon, ihr das noch beizubringen.

Meine Bemühungen, Asti zum Spielen zu bewegen, sind absolut erfolglos geblieben. Sie ist nicht dazu zu bringen, mit einem Ball zu spielen oder an einem Seil zu zerren. Das Spielzeug an sich, was es auch sei, interessiert sie überhaupt nicht.

Gut, dann eben nicht. Beim Spaziergang baue ich, wenn möglich, mal so kleine Abwechslungen ein. Etwa auf einer niedrigen Mauer balancieren oder über eine kleine Kante springen. Moritz macht das alles mit Begeisterung. Asti schaut uns dann eher verständnislos an.

Als ich mich auch damit schon abgefunden hatte, passierte es! Wir waren auf dem Hundespielplatz. Dort können die beiden dann auch mal richtig toben und rennen, weil das Gelände ja eingezäunt ist. Außerdem ist es gut zu überschauen, so dass eventuelle Ausbruchsversuche zum Scheitern verurteilt sind. Dann gibt es dort ein paar Geräte. Also einen Reifen zum Durchspringen, kleine Hürden zum Drüberspringen und dicke Betonrohre zum Durchrennen.

Moritz machte alle Übungen voller Freude vor. Er ist da sehr geschickt. Als ich vor Jahren mit ihm in einer Hundeschule war, hat er auch alle Übungen perfekt vorgeführt. Slalom, Wippe, Balken – fast das ganze Programm. Nur vor dem Stoffschlauch hat er sich gefürchtet. Allerdings haben ihn die vielen anderen Hunde damals so sehr gestresst, dass er auf der Heimfahrt immer richtig

krank war. Darum haben wir das dann aufgegeben. Sein Verhalten an der Leine auf der Straße hat die Hundeschule auch nicht verändern können und das war ja sein einziges kleines Problem. Doch die Gelegenheit, sich „sportlich“ zu betätigen, gebe ich ihm gern, wenn sich die Möglichkeit bietet.
Asti war derweil auf dem Hundeplatz schnüffeln gegangen. Und auf einmal merkte sie, dass Moritz ja ab und zu ein Leckerli bekam. Schon stand sie erwartungsvoll vor mir, um ihren Anteil abzufassen. Ha, aber nicht mit mir! Vor die Belohnung habe ich als Chefin das Kunststück gesetzt! Wenigstens versuchen sollte es dieses dickfellige Tier. Und ich traute meinen Augen nicht! Nur ganz kurz mit ein paar Handbewegungen gezeigt was ich will, mit dem Leckerli gewunken – und Asti sprang durch den Reifen, rannte durch ein Betonrohr und hüpfte über die Hürde (ca. 20 cm hoch). Meine Begeisterung kann ich kaum in Worte fassen, ich bin ja so stolz auf meinen Asti-Hund! Die Frage zu klären, warum sie mich so lange hat zappeln lassen, bis sie zeigte, was sie noch so drauf hat, erspare ich mir. Ich bin nicht ganz sicher, ob ich über die Antwort darauf so richtig glücklich wäre...

Wie ist das mit dem Hundewetter?

Immer wieder hört man ja, dass dem Hund jedes Wetter recht wäre und es ihm nichts ausmachen würde, bei Regen, Sturm, Kälte, Eis und Schnee nach Herzenslust draußen umherzutraben. Manch armer Wachhund, der sein Leben nur draußen verbringen muss, hat das auch so zu sehen. Aber es hat ihn auch noch keiner gefragt, ob ihm nicht ein warmer Platz vor dem Ofen oder von mir aus auch auf der Fußbodenheizung lieber wäre! Auch wieder so ein Punkt, wo wir Zweibeiner uns anmaßen, genau zu wissen, was gut für den Hund ist.
Dazu kann ich nur soviel sagen: Dann habe ich bereits den vierten Hund, der eben zufällig ganz anders ist!
Alle meine bisherigen Hunde mochten und mögen keinen Regen! Schnee schon eher, da kann man mal toll drin toben. Eis überhaupt nicht, das ist unangenehm an den Pfoten und mit der Zeit wird das Laufen auf nur 2 oder 3 Beinen auch anstrengend. Kälte ist auch nicht so das Wahre, Moritz friert sehr schnell und zittert dann so sehr, dass man einfach Erbarmen haben muss. Und Sturm mag Moritz schon mal gar nicht! Wenn der so in den Bäumen rauscht, fühlt er sich unwohl, legt ängstlich die Ohren an und schleicht in leicht geduckter Haltung unter den Ungeheuern dahin.

Und Asti? Sie ist ja kein ängstlicher Typ, also macht ihr lauter Sturm nun mal nichts aus. Aber der Regen! Das Schauspiel beginnt ja bereits an der Haustür. Wenn ich die aufmache und man bzw. Hund sieht, es regnet, bleiben beide wie festgenagelt stehen, drehen sich um und wollen wieder in ihren warmen Sessel. Doch dem steht ein großes Hindernis entgegen – ich! Also fügen sich die beiden der Macht des Stärkeren. Asti geht hinaus. Sie läuft dann auf dem ca. 50 cm breiten trockenen Streifen, den der Dachüberstand zulässt, an der Hauswand entlang. Gelangt auf diese Weise trockenen Fußes bis zu ihrer Wiese in den Vorgarten. Dort setzt sie mit einem kleinen Sprung direkt auf das eklig nasse Gras über, erledigt sofort alle erforderlichen Geschäfte. Dann springt sie mit einem ebenfalls gekonnten Satz zurück ins „Trockene“ um dann in Windeseile die rettende trockene Wohnung zu erreichen. Verhält sich so ein Hund, der gern einen Regenspaziergang macht? Wohl kaum. Aber natürlich gehen wir unsere Runden auch bei schlechtem Wetter. Doch ich sehe schon zu – auch im eigenen Interesse – dass wir möglichst eine Regenpause erwischen. Bis auf wenige Ausnahmen ist uns das auch wirklich gelungen.

Und die Moral von diesem Kapitel: Das Hundewetter heißt Hundewetter, weil die Hunde darüber entscheiden sollen, ob es was taugt. Und deren Meinung ist eben eindeutig: Man jagt bei schlechtem Wetter keinen Hund vor die Tür!

Urlaub ohne Hund

Ich teile nunmehr seit über 6 Jahren mein Leben vollständig mit unseren Hunden. Außer einer einzigen, krankheitsbedingten und damit ärztlich verordneten Trennung für wenige Tage bin ich in diesen 6 Jahren nie ohne die Tiere gewesen.
Da erschien es mir an der Zeit, mal zu testen, ob es wohl Entzugserscheinungen geben würde, wenn Asti und Moritz für wenige Tage nicht bei mir wären. Und ich kann es gleich vorweg nehmen und jeder echte Hundefreund weiß, was jetzt kommt: Nie wieder ohne meine Hunde!
Natürlich waren die beiden gut aufgehoben. Mein Mann und die Kinder haben sich bestens um sie gekümmert. Ich glaube auch nicht so sehr, dass Asti und Moritz unter der Trennung recht schlimm gelitten haben. Aber ich!
Gemeinsam mit meiner Mutti habe ich ein paar schöne Tage an der Ostsee verbracht. Es war alles wunderbar, das Wetter schön, das Essen und das Hotel perfekt. Aber wo immer ich mich aufgehalten habe, ging ich in Gedanken mit den Hunden. Und jeder Hund, der mir begegnet ist, musste meine freundliche Begrüßung in Kauf nehmen. Dabei war es recht lustig, dass es meist die Vierbeiner waren, die nach einem freundlichen Blickkontakt oder einem netten Wort sofort auf mich zugelaufen kamen. Zwei Halter waren darüber sogar äußerst erstaunt, weil ihre Lieblinge sonst nie etwas mit Fremden zu tun haben wollten. Aber die Tiere haben sicher genau gespürt, dass da bei mir außer ein paar zusätzlichen Streicheleinheiten nun wirklich nichts zu befürchten ist. Allerdings wurde mit jedem erfreuten Schwanzwedeln eines fremden Hundes auch die Sehnsucht immer größer. Und ich habe für mich die einzig richtige Schlussfolgerung gezogen: Urlaub ohne Hund ist nur halber Urlaub.
Der Vollständigkeit halber möchte ich erwähnen, dass mir auch mein Mann, die Kinder, die Enkel – eben meine Familie gefehlt hat. Ich bin nun mal ein Rudeltier, ich brauche meine Lieben in meiner Nähe. Und ich bekomme eben schon Heimweh, wenn ich

das Ortsausgangsschild von Grimma hinter mir gelassen habe. Doch das ist schon mein ganzes Leben so und ich denke nicht, dass sich das im fortgeschrittenen Alter noch ändern wird.
Wie schon gesagt, meinen beiden Vierbeinern ist es während meiner Abwesenheit keinesfalls schlecht gegangen. Sie haben sich auch völlig normal verhalten, Asti sei dank. Denn erst durch ihre „Umerziehung“ von Moritz ist ein solches Unternehmen überhaupt möglich geworden.
Doch meine Asti zeigte mir erst bei meiner Rückkehr, was sie so speziell von mir und meinem Urlaub gehalten hat. Klar war das eine Freude, ein Springen und Bellen und Winseln zur Begrüßung. Aber dann tat Asti etwas, womit ich nie gerechnet hätte: Sie war beleidigt! Sie zeigte mir in jeder Bewegung und jeder Geste, dass sie mich ja überhaupt nicht braucht. Da wurde der Kopf hoch getragen, da wurde ich ein wenig ignoriert, da wurden die Ohren ein bisschen auf Durchzug gestellt. Sie verzichtete sogar demonstrativ auf ihre Kuschelecke auf dem Sofa und ging in ihren Korb schlafen! Das war echt hart! Wir kennen dieses Benehmen noch von unserem Kater Addy. Nach dem Urlaub mussten wir uns tagelang um seine Gunst bemühen, er strafte uns mit eisiger Nichtachtung für die Zeit des Verlassenseins. Wobei er nie allein war, er wurde immer durch meine Eltern liebevoll betreut – nicht dass da Missverständnisse aufkommen!
Moritz war einfach nur glücklich, dass er wieder auf meinem Schoß liegen durfte. Ihm würde es niemals einfallen, auf den Kontakt mit mir zu verzichten, aus welchem Grund auch immer. Das könnte ja nun wieder daran liegen, dass er eben doch ein Mann ist. Weiber können nun mal zickig sein und Asti lieferte den Beweis dafür.
Ich habe ihr dann natürlich versprochen, nie wieder ohne sie wegzufahren. Mit vielen Streicheleinheiten, tiefsinnigen „Gesprächen“ und einem extra großen Kauknochen hat sie ihren Eigensinn dann auch aufgegeben und wir sind wieder richtig gute Freunde.

Urlaub mit Hund

Damit die gute Asti mir auch meine Versprechen glauben kann, folgte unser gemeinsamer Urlaub nur wenige Wochen später.
Asti verreist ja erst das zweite Mal mit uns. Das hindert sie aber nicht daran, den Zusammenhang zwischen einem gepackten Koffer und der damit verbundenen Veränderung herzustellen. Dabei war nur eine kleine falsche Schlussfolgerung eingetreten. Als ich den letzten Koffer gepackt habe, bin ich ohne sie gefahren. Offenbar vermutete Asti einen solchen Verrat meinerseits erneut. Deshalb unternahm sie wirklich alles, damit ich ihr nicht entwischen kann. Zum einen legte sie eine echte Aufregung an den Tag. Und das bei meinem Gemütshund Asti! Sie war unruhig, hechelte, folgte mir auf jedem Schritt. Als Krönung legte sie sich immer auf die Türschwelle oder direkt vor die Tür. Damit war ja garantiert, dass ich nicht unbemerkt an ihr vorbeikam!
Am Morgen unserer Abreise waren Asti und Moritz schon im Auto, lange bevor es losgehen sollte. Sicher ist sicher, schienen sie sich zu sagen.
Die Autofahrt verlief wie immer völlig unproblematisch. Die beiden liegen friedlich schlafend (natürlich ordentlich angeschnallt) auf der Rückbank. Und das über die gesamte Fahrstrecke. Lediglich an den Autobahnkreuzen, wenn wir eben abfahren mussten, steht Asti auf und schaut aus dem Fenster. Das passiert jedes Mal, auch wenn wir nur ganz geringfügig die Richtung ändern. Das ist sehr interessant anzusehen. Fast könnte man meinen, Asti prüft, ob ich denn auch richtig fahre. Oder sie will sich merken, wo wir denn nun langgefahren sind. Ich weiß, ist alles Quatsch, aber man kann ja mal ein wenig spinnen.

Unser Urlaubsquartier hatte ich zuerst allein begutachtet, mir also den Weg zur Wohnung und die Zimmer selbst vom Vermieter zeigen lassen. Dann habe ich den Rest des Rudels geholt. Dabei hat mich Asti dann doch ein wenig verblüfft. Nicht nur dass sie uns vorweg lief und den richtigen Eingang wählte. Da dachte ich noch, dass sie das vom Auto aus ja gesehen haben kann. Doch dann ist sie zielgerichtet den langen Flur entlang, zur anderen Haustür wieder hinaus, über den Gartenweg in das Nebengebäude und dort vor die richtige Tür im Erdgeschoss gelaufen! Das war für meine Begriffe eine sehr beachtliche Leistung. Sie kann sich ja nur an meiner hinterlassenen „Fährte“ (sollte man an dieser Stelle über Körpergeruch nachdenken?) orientiert haben, sonst wäre es ja unmöglich gewesen, das richtige Zimmer zu finden! Jedenfalls hat meine Asti da jeden Intelligenztest für Haustiere mit Auszeichnung bestanden, denke ich.

Asti und Moritz begutachteten dann ausgiebig die Zimmer. Nachdem ich die bekannten Decken auf dem Sofa ausgebreitet hatte, war der Schlafplatz gesichert und es fehlte nur noch was zu Fressen. Da auch das augenblicklich folgte, stand für die beiden dem Beginn eines schönen Ostseeurlaubes nichts mehr im Wege.

Und für uns auch nicht, denn unsere Vierbeiner haben uns wieder mal so richtig viel Freude gemacht. Ob im Zimmer, am Strand, unterwegs, im Lokal oder bei den vielen Hundebegegnungen – sie haben sich einfach nur vorbildlich benommen. Auch das Alleinbleiben im fremden Zimmer, während wir zum Essen gegangen sind – es klappte einwandfrei. Kein Bellen, kein Kratzen – beide eng aneinandergekuschelt auf ihrem Sofa – so erwarteten sie uns zurück. Einige Miturlauber waren völlig erstaunt, wenn sie uns dann mit den Hunden gesehen haben. „Die hat man doch noch gar nicht gehört!“ bekamen wir dann immer gesagt. Na, und so sollte es doch auch sein. Also auch diesen Test haben Asti und Moritz mit besten Noten bestanden. Und ich komme einmal mehr zu dem Schluss: Unsere Rudelbeziehung scheint in Ordnung zu sein, sonst würde es sicher nicht so gut funktionieren!

Ansonsten war unser Urlaub von dem Traumwetter begleitet, das seit Beginn der Fußball-WM in Deutschland herrschte. Das hatte zur Folge, dass wir unsere Spaziergänge nicht auf mehrere Stunden ausdehnen konnten. Dafür war es auch an der Ostsee einfach zu heiß. Aber man kann es sich auch am Hundestrand sehr gemütlich machen. Mit Strandmuschel, Sonnenschirm und ganz viel Trinkwasser ausgerüstet, lässt es sich da gut aushalten. Das Spielen mit den anderen Hunden am Strand mögen Asti und Moritz nicht so sehr. Moritz hat mal kurz mit einem Jack Russell angebandelt. Aber als der ihm zu dicht aufs Fell rückte, hat er sich schnell wieder bei mir in Sicherheit gebracht.

Vom Wasser halten sie ja beide nichts. Im gebührenden Abstand wird das komische Treiben dort beobachtet. Auch wenn Herrchen in diesem großen Teich herumspringt, ändert sich das nicht. Er wird zwar nicht aus den Augen gelassen, aber ein Grund, es ihm gleich zu tun, ist das noch lange nicht. Miturlauber meinten spöttisch: „Also Rettungshunde sind das ja mal nicht!“ So kann man reden, wenn man einen Labrador besitzt!

Asti wollte dann noch unbedingt den örtlichen Tierarzt kennen lernen. Sie sorgte mit einem kräftigen Durchfall dafür, dass ich diesem Wunsch auch nachkomme. Ihr war halt Aufregung, Luftveränderung und Hitze irgendwie auf die Verdauung geschlagen. Man kennt das als Mensch ja auch. Also Tierarzt ermittelt, hingefahren, Asti begutachtet, Medizin und strenges Fasten verordnet bekommen – nach zwei Tagen war alles wieder „in Form“, sozusagen. Allerdings heißt Fasten für einen Beagle fast das Gleiche wie Todesstrafe. Astis flehendes Betteln um die geringsten Brotkrümel war einfach herzzerreißend, stieß bei mir aber dennoch auf gänzlich fehlendes Entgegenkommen. Sie hat durchgehalten und wir auch – der Erfolg – in diesem Fall die Genesung – war uns sicher.
Ganz nebenbei hat auch diese ausgesprochen nette Tierärztin ein Riesenlob für uns beide wegen Astis Beagle-Traumfigur übrig gehabt. Da ist man dann als Halter einfach mal wieder mächtig stolz, was will man machen.

Moritz hatte auch noch sein Urlaubserlebnis. Er lernte den Schnauzer-Mix-Rüden Moritz kennen. Der wohnte in unserer Straße und kam jedes Mal durch den Zaun geschlüpft, wenn er uns kommen hörte. Ich habe meinen Moritz dann auch immer gleich abgeleint und dann haben die beiden so richtig schön miteinander gespielt und herumgetobt. Allerdings wollten beide Moritze nicht so recht auf ihre Frauchen hören – das Spielen war ja auch gerade zu schön. Aber da haben wir mal großzügig drüber weg gesehen. So oft hat Moritz keinen Artgenossen, den er mag und der dann auch noch schön mit ihm spielt.

Es war also rundherum ein schöner Urlaub für Mensch und Hund. Wir haben sehr viele nette Menschen getroffen, fühlten uns mit unseren Tieren diesmal nicht als Außenseiter. Eltern haben ihre Kinder die Hunde streicheln lassen, natürlich nachdem sie uns gefragt haben. Ältere Menschen waren glücklich, dass Asti auf sie zugelaufen kam. Sie konnten selber keinen Hund mehr halten, aber die Liebe zum Tier hält ja ein Leben lang. Begegnungen mit den vielen anderen Hundehaltern und ihren Vierbeinern verliefen immer freundlich, Moritz wurde in seiner manchmal etwas forschen Terrierart akzeptiert. Und von den restlichen Passanten hat uns keiner das Gefühl gegeben, wir hätten mit den Hunden lieber zu Hause bleiben sollen. Das hat mich insgesamt sehr angenehm überrascht und auch sehr gefreut.

Beagle – in eigener Sache

Ich habe ja nun lang und breit darüber geschrieben, wie der Beagle so vom Wesen her ist, welche Ansprüche er an seine Halter stellt und wie das Familienleben mit ihm so sein kann. Dabei habe ich mich natürlich nur auf das Wesentlichste oder auch auf das Auffälligste beschränkt, womit ich selber Erfahrungen gemacht habe. Wer mehr über die Rasse wissen möchte – und das am besten, bevor er sich ein solches Tier zulegt – informiere sich bitte in entsprechender Fachliteratur. Aber auch jeder seriöse Züchter wird alle Fragen ehrlich beantworten.

Obwohl ich in diesem Buch nur heitere Geschichten schreiben wollte, muss ich, wenn ich der Rasse Beagle gerecht werden will, auch ein wenig lustiges Thema zumindest anschneiden.

Der Beagle – meine Asti beweist es mir täglich – zeichnet sich dadurch aus, dass er ein unglaublich gutes Wesen hat. Seine Ruhe, seine Geduld, seine Menschenfreundlichkeit – all diese Eigenschaften sind es, die ihm zum Verhängnis werden. Er eignet sich nämlich auf Grund seines Wesens ausgezeichnet als Versuchshund. Beagles werden extra für diesen Zweck „produziert“, verbringen die Monate ihres Lebens dann in einem Käfig in den Versuchlaboren. Je nach Art der Versuche können sie diese überleben. Ungezählte Tiere aber werden nach den Versuchen eingeschläfert oder sterben ohnehin.
Ich gehe hier nicht weiter in Details, weil ich keine eigenen Recherchen betrieben habe. Das, was ich hier schreibe, sind bekannte Tatsachen, die bereits in den Medien veröffentlicht worden sind.
Mir geht es um etwas anderes. Es werden immer wieder junge Beagles aus solchen Versuchslaboren freigegeben. Sie kommen dann in bestimmte Tierheime, die deren Vermittlung organisieren.
Man findet im Internet verschiedene Adressen, wo man sich darüber informieren kann.

Aber auch die Tierschutzvereine helfen da bestimmt weiter, wenn ehrliches Interesse besteht.

Einen solchen Laborbeagle zu übernehmen und ihm ein artgerechtes Leben zu schenken, das ist eine ganz große Aufgabe. Es gehört eine große Portion Tierliebe dazu, sich einem solchen Unternehmen zu stellen. Denn man fängt bei diesem Tier bei null an zu arbeiten. Null heißt wirklich: Der Hund kann und weiß gar nichts! Er kennt keine Geräusche, keine Autos, keine Kinder, keine Leine, er ist nicht stubenrein. Wenn Sie einen Welpen vom Züchter übernehmen, hat er einen Großteil dieser Dinge schon kennen gelernt. Der Versuchshund ist wie ein Welpe, kennt aber gar nichts und ist entsprechend älter. Aber er ist ein liebenswertes Tier, das keinerlei Schuld daran trägt, dass es so ist. Und es ist zu schaffen, dafür gibt es schon unzählige Beispiele.
Und gerade darin sehe ich die wunderbare Aufgabe. Diesem Tier zeigen, was es eigentlich heißt, ein Hund zu sein. Das ist gewiss nicht einfach und es kann lange dauern. Aber es lohnt sich auf jeden Fall.
Auch ich habe mir vorgenommen, mich einmal dieser Aufgabe zu stellen. Ich hoffe, dass ich noch lange gesund bleibe und zu gegebener Zeit meine ganze Kraft darauf richten kann. Denn neben den Hunden, die im Tierheim landen, sind diese Laborhunde diejenigen, die uns Tierfreunde am meisten brauchen. Und jeder Tierfreund, der sich eines solchen Tieres annimmt, hat unsere ganze Hochachtung verdient.

Die verehrten Leser mögen mir diese Zeilen nachsehen. Aber ich fühle mich dem Tierschutz doch so stark verbunden, dass ich nicht darauf verzichten konnte, auf dieses unrühmliche Thema wenigstens hinzuweisen. Ich möchte alle, die sich mit dem Gedanken an einen Beagle tragen, zumindest auf diese Möglichkeit aufmerksam machen. Und wenn mein Buch dazu beigetragen hätte, nur einem einzigen Laborbeagle ein neues Leben zu schenken, wäre ich sehr dankbar.

Ein paar Worte zum Tierschutz

Wenn Sie meiner Geschichte bis hierher gefolgt sind, werden Sie festgestellt haben, dass ich ein intensives Verhältnis zu meinen Tieren habe. Das ist richtig. Aber gerade weil meine ganze Familie so gut mit den Hunden lebt, möchte ich, dass es auch die vielen anderen Tierheimtiere irgendwann besser haben.
So ein ganz richtiger Tierschützer bin ich ja eigentlich gar nicht. Ich kann sehr wohl eine Mücke erschlagen, ohne Gewissensbisse zu bekommen. Und ich werde auch nicht die zertretene Ameise beerdigen. Ein Kaninchen ist für mich auch heute noch ein sehr appetitlicher Sonntagsbraten. Und auch Rind, Schwein, Geflügel und Fisch bereichert unseren Speiseplan.
Der Mensch ist nun mal ein Allesfresser. Klar kann das jeder für sich entscheiden, aber bei mir gibt es eben auch Fleisch.
Wie bin ich also nun zum Tierschutz gekommen? Auf jeden Fall nicht geplant. Bei mir war nicht zuerst das Bewusstsein da, dass Tierschutz etwas Wichtiges ist und man – besser ich – sich dafür einsetzen könnte. Ich kam über die Hunde zum Tierschutz. Wie in meinem ersten Buch beschrieben, eines Morgens am Kaffeetisch. Ein Ehepaar, die Kinder ausgeflogen, will etwas unternehmen. Und die zufällige Wahl fällt auf einen Besuch im Tierheim. Noch nie dort gewesen, keine Ahnung, was für Auswirkungen das haben würde. Nur mal so schauen wollen.
Aber um nur mal so zu schauen, müsste man ein sehr oberflächlicher Mensch sein. Das, glaube ich sagen zu können, bin ich nicht. Und darum ging mir das Erlebte so unter die Haut und ließ mich nicht mehr los. Tage und Nächte, immer wieder sah ich die Bilder vor mir und habe überlegt. Irgend etwas muss man doch tun können.
Ich begann darüber nachzudenken, wem die Tiere, die da im Heim sitzen, das eigentlich zu verdanken haben. Die Antwort ist ganz einfach: in 9 von 10 Fällen uns, den lieben Menschen. Die Tiere, die wegen Verhaltensauffälligkeit, also Aggressivität, ins Heim kamen, sind verschwindend wenig. Alle anderen wurden abge-

schoben, waren übrig, wurden weggeworfen, ausgesetzt oder auch so schlecht behandelt, dass man sie den Haltern wegnehmen musste.
Die Gründe für das Verhalten der gefühllosen Zweibeiner sind sehr unterschiedlich. Da wird ein Tier unüberlegt angeschafft, da ändern sich die Lebensumstände, da hat man plötzlich keine Lust mehr. Oder das Tier funktioniert nicht so, wie man es gern hätte – da wird es abgegeben nach dem Motto: Sollen sich doch andere damit herumärgern. Dabei sind die, die im Tierheim offiziell ihr Tier abgeben, noch die Besten. Ganz selten passiert es auch, dass ein Tier unter Tränen gebracht wird, weil es aus persönlichen Gründen einfach nicht mehr möglich ist, es zu halten. Dafür muss man Verständnis haben, das kann jedem im Leben passieren. Nicht jeder hat eine gesamte tierliebe Familie im Rücken wie ich. Selbst wenn ich morgen tot wäre oder im Rollstuhl sitzen müsste – für die Hunde würde gesorgt, das weiß ich.
Doch es gibt leider auch noch die ganz mutigen Zeitgenossen, die ihr Tier einfach aussetzen. Der Hund fährt mit seinem Herrchen freudig im Auto in einen fremden Wald. Er ist glücklich über den Spaziergang. Herrchen übt mit ihm „Platz und bleib!“. Gehorsam legt er sich hin und bleibt. Er sieht Herrchen gehen, aber er bleibt. Das ist sein Befehl und er gehorcht seinem Herrchen gern. Und er kann nicht einmal ahnen, dass Herrchen ohne ihn ins Auto steigt und einfach davon fährt.
Die weniger gut gehorchenden Hunde haben es beim Aussetzen noch schwerer: Sie werden nämlich angebunden, weil sie sonst dem Herrchen hinterherlaufen würden. Die haben dann Glück, wenn sie von Passanten noch rechtzeitig vor dem Verhungern und Verdursten gefunden werden!
Und dann gibt es noch die Tierheim-Anbinder. Die wollen, dass ihr Tier gefunden und versorgt wird, haben aber nicht den Mut und das bisschen Anstand, den korrekten Weg zu gehen. Dabei wäre es für die Zukunft der Tiere so wichtig, ein bisschen über Charakter und Wesen, Vorlieben und Macken des Tieres zu erfahren!

Und dann gibt es noch die Härtefälle: die werfen ihren Hund aus dem fahrenden Auto und brausen davon.
All das erleben Tierschützer hautnah. Das Sprichwort: „Seit ich die Menschen kenne, liebe ich die Tiere“ soll man sich zwar nicht zur Lebensauffassung machen. Aber es ist etwas Wahres daran. Und wenn man erlebt, wie schlecht Menschen zu einem Tier sein können, muss man einen klaren Kopf behalten und sich immer wieder in Erinnerung rufen, dass es auch genug gute Menschen gibt. Aber das ist nicht immer einfach.

Manchmal hört man die Meinung, dass es ja wirklich noch Wichtigeres gäbe, als sich für den Tierschutz einzusetzen. Es stimmt, die Probleme in unserer Zeit sind sehr vielfältig. Aber Tiere sind nun mal keine „Sachen“, sondern Lebewesen. Sie können nicht für sich selber kämpfen. Also muss es ein paar Menschen geben, die es sich zur Aufgabe gemacht haben, das Hundeelend ein bisschen zu mildern. Und das ganz Entscheidende ist doch, sich **überhaupt** für andere einzusetzen, egal ob für Kinder, Kranke, alte Menschen, Tiere oder was auch immer.

Was kann man denn schon für den Tierschutz tun? Ich denke, sehr viel. Das Wichtigste ist, dass wir als Menschen unsere Mitgeschöpfe ein bisschen mehr achten. Dass wir sie artgerecht halten, es zumindest weitgehend versuchen. Auch und gerade in der Nutztierhaltung. Dass wir hinschauen, wenn es Tieren in unserer nächsten Umgebung schlecht geht. Tiere sind hilflos, sie brauchen uns!
Und wenn man dann noch ein bisschen mehr tun will, kann man seinem örtlichen Tierschutzverein und seinem Tierheim helfen. Dazu gibt es so viele Möglichkeiten. Ob Mitgliedschaft, Arbeitsleistung, Sach- oder Geldspenden – jede Unterstützung ist wichtig. Wenn man sich einmal ein paar Gedanken darüber gemacht hat, wie wichtig auch diese Arbeit für unsere Tiere ist, wird man gern und mit Überzeugung helfen. Die Bewohner eines Tierheimes sind unverschuldet dorthin gekommen. Und jeder, der diesen Tieren, in

welcher Form auch immer, seine Hilfe und Unterstützung bietet, leistet schon viel. Wer es dann noch ermöglichen kann, einem solchen Tierheim-Tier ein neues, gutes Zuhause zu geben, der kann sicher sein, etwas sehr, sehr Gutes getan zu haben.
Und noch einen Tipp möchte ich allen geben, die sich für Tierheimhunde interessieren. Lassen Sie sich nicht abschrecken, durch nichts und von niemandem! Tierschützer sind Menschen, die manchmal eine raue Schale haben. Sie leben täglich mit dem Elend, was den Tieren durch Menschenhand widerfahren ist. Da sitzt das Misstrauen jedem künftigen Hundehalter gegenüber sehr tief. Und dann passiert es schon mal, dass man als „Kunde" den Eindruck hat, gar nicht willkommen zu sein. Lassen Sie sich nicht entmutigen, halten Sie durch und starten Sie einen zweiten Versuch! Ich habe es auch so gemacht und es hat sich gelohnt! Denken Sie immer nur daran: Das Wichtigste sind die Tiere und denen wollen wir helfen, ich und Sie hoffentlich auch!

Meine Hunde hinter Gittern

Ich möchte mein Buch mit einem Kapitel abschließen, das mir ganz besondere Freude macht. Und ich denke, allen wirklichen Tierfreunden wird es ähnlich gehen.

Am 7. Juli 2006 war es so weit. Der große Augenblick, für den die Mitglieder des Tierschutzvereins Muldental e.V. so gekämpft haben, war gekommen. Das neue Tierheim Schkortitz konnte eröffnet werden. Dank der Unterstützung durch die Stadt Grimma (die dem Verein den Eigenkostenanteil am Bau vorgeschossen hat) und der Mithilfe vieler Tierfreunde konnten wir unser Ziel erreichen: Unseren Tieren ein würdiges Heim zu bieten. Durch Um- und Ausbau wurde aus dem ehemaligen Kindergarten in Schkortitz das neue Tierheim des Tierschutzvereins Muldental e.V. geschaffen. Jeder Tierfreund der näheren und vielleicht auch weiteren Umgebung ist herzlichst eingeladen, uns im Tierheim zu besuchen. Glauben Sie mir, es lohnt sich!

An diesem großen Tag war ja mit jeder Menge Trubel zu rechnen. Deshalb wurde darauf verzichtet, unsere 15 Tierheim-Hunde bereits vor der Eröffnung in ihr neues Domizil umziehen zu lassen. Ganz einfach deshalb, um sie nicht dem großen Stress auszusetzen. Nur 3 eher ausgeglichene Tiere wurden bereits in die Zwinger umgesiedelt.
Damit man aber auch ein paar Hunde sehen kann, wurden kurzerhand unsere Familienhunde für einen Nachmittag zu „Anschauungsobjekten“. Moritz, Asti und Laila zogen gemeinsam in einen Zwinger ein. Fein herausgeputzt mit ihren schönsten Halstüchern gingen sie also wieder einmal an die Öffentlichkeit. Sie nahmen das in der ihnen eigenen Art sehr gelassen hin, interessierten sich für die Besucher, nahmen dankend Leckerli entgegen (vor allem Asti!). Sie bewiesen mir wieder einmal ihr grenzenloses Vertrauen, auch eine völlig ungewohnte Situation (die z.B. Moritz aus seiner Vergangenheit kennt!) zu meistern, wenn ich das so

möchte. Ich sage es ehrlich, ich war stolz auf alle drei. Wenn sich auch Moritz ein klein bisschen aufgeregt hat, so hat er doch auch seinen beiden Damen vertraut, die mit ihm den Zwinger teilten. Und es dauerte gar nicht lange, da war mein kleiner Terrier schon wieder Chef im Ring und kläffte im Außenzwinger die Besucher an!
Ich darf an dieser Stelle versichern, dass die Situation auf dem Foto nur für 3 Stunden anhielt. Gitter sollen **meine** Tiere nie mehr und alle anderen so wenig wie möglich zu sehen bekommen. Dass das gelingt, dafür werde ich mich weiter einsetzen und der Verkauf meiner Bücher wird mit dazu beitragen.

Ende gut – alles gut?

Während ich die Geschichten um Asti aufschreibe, habe ich die vielen Monate, seit ein Beagle bei uns eingezogen ist, noch einmal durchlebt. Da kann man sich doch abschließend die Frage stellen, ob es denn nun die richtige Entscheidung war, die man getroffen hat.

Und ich sage es aus tiefstem Herzen und mit ehrlicher Überzeugung: Ja und nochmals ja.

Asti ist ein wunderbarer Hund. Ihre ganz spezielle Art nimmt mich immer wieder für sie ein. Lässt mich die Wut vergessen, die ich gerade noch hatte, als sie wieder die braunen Leckerbissen von der Straße verspeiste. Auch den Schreck und die Angst, als sie sich als Ausbrecherin versucht hat. Oder das leichte Ekelgefühl, nachdem sie sich voller Wonne im Misthaufen gewälzt hat. Oder auch den Ärger über die Anstrengung, weil sie noch immer oft an der Leine zerrt und meine Schulter- und Armmuskulatur arg strapaziert.

Da war noch der Zorn, als der leckere Kuchen, den ich mir extra für eine Tasse Kaffee aufgehoben hatte, bereits in einem Hundemagen verschwunden war.

Dem entgegen stehen ihre Aufgeschlossenheit, die Freundlichkeit gegenüber jedermann, die Ruhe, Gelassenheit und Sanftmut. Ihre Schlitzohrigkeit und ihre Zielstrebigkeit beim Durchsetzen ihrer Wünsche genauso wie ihre Anhänglichkeit. Wenn sie neben mir sitzt, mir ihre Pfote reicht und dazu ihren Kopf an mich anlehnt – das sind einfach nur wunderbare Momente in eben diesem Leben mit *meinem* Beagle. Dazu kommt dann noch der Stolz auf das, was sie nun doch noch alles bei mir gelernt hat. Denn wenn sie heute schon eine große Strecke wie ein ganz „normaler“ Hund an lockerer Leine neben mir läuft, ist das für uns beide ein echter Erfolg!

Und wenn ich mich morgen wieder entscheiden müsste, ich würde wieder einen Beagle haben wollen. Obwohl ich nun ja weiß, was mich erwartet. Vielleicht aber auch gerade deshalb!

Wir werden wieder einen aufregenden Sommer im Garten verbringen, Asti wird mir bei der Gartenarbeit helfen. Auf unseren täglichen Spaziergängen proben wir immer wieder neu, wer denn nun der Stärkere an der Leine ist. Und wer weiß, was Asti noch alles als fressbar einordnet, wovon ich noch keine Ahnung habe!

Ich gebe die Hoffnung nicht auf, dass sie mit den voranschreitenden Lebensjahren auch irgendwann ein wenig ruhiger wird und dann mal so als Hundeomi ganz friedlich neben mir herläuft, so wie so viele andere Hunde es auch tun.

Asti und Moritz werden noch einmal erleben, wie ein neues kleines Rudelmitglied aufgenommen wird. Denn woran es auch immer liegen mag: Sobald ich ein Buch schreibe, kündigt sich wieder ein Enkelkind an!

Ich wünsche mir, dass unser ganzes Rudel noch lange gesund bleibt und noch einige Jahre Zeit bleiben, bis der Hundehimmel ruft. Denn ich möchte noch weiter an jedem Tag eine kleine Geschichte erleben, mit Asti und Moritz. Und vielleicht wird es ja irgendwann wieder ein neues Buch geben ...

Anhang

Der Tierschutzverein Muldental e.V. stellt sich vor

Sitz des Vereins: Markt 18, 04668 Grimma

1.Vorsitzende. Silke Hoffmann, Tel. 03437/919902
Internet: www.tsv-mtl.de.vu
e-Mail: tsv-mtl@web.de

Der Verein betreibt das Tierheim Schkortitz. Dieses wunderschöne neue Tierheim wurde erst am 7. Juli 2006 eröffnet. Derzeit sind ca. 60 Mitglieder unseres Vereins.

Spendenkonto: 1010055506 bei Sparkasse Muldental
BLZ: 86050200

Buchbestellungen unter:
www.von-thun.com oder unter Telefon 03437/917515 möglich.